एसईओ क्या है और कैसे काम करता है

प्रदीप कुमार रॉय।

समर्पण

मेरे इकलौते पुत्र श्री प्रज्ञान रॉय और पत्नी सोनाली रॉय, मेरे और रिश्तेदारों की निकटवर्ती और भावी पीढ़ियाँ और निश्चित रूप से मेरी पुस्तक के पाठक।

प्रदीप कुमार रॉय, बर्दवान।

क्रम-सूची

प्रस्तावना

मेरे शब्द

एसईओ का काम खोज इंजनों के लिए वेबसाइटों को अनुकूलित करना और आपके आगंतुकों के अनुरूप डेटा प्रदान करना है। यह एक ऐसी प्रक्रिया है जिसके द्वारा आप अपनी वेबसाइट पर निःशुल्क, ऑर्गेनिक और एडिटोरियल ट्रैफ़िक बढ़ा सकते हैं। इसके अलावा, उपयोगकर्ता की गुणवत्ता को नेविगेट करना और उनकी वेबसाइटों की गुणवत्ता को बढ़ाना आसान है। अगर हम सर्च इंजन की बात करें तो सबसे पहले गूगल सर्च इंजन नाम सूचि में शामिल है।

व्यापारिक नुकसान को नजरअंदाज करने से सफलता कभी हासिल नहीं होती है। नुकसान - विशेष रूप से पर्याप्त - अधिक कुशल व्यापारी बनने के अवसर हो सकते हैं। मुझे उम्मीद है कि इस पुस्तक का उद्देश्य उदार पाठकों की मदद से सफल होना है। यदि कोई पुस्तक की सामग्री को पढ़ता और समझता है तो मानसिक शक्ति को बढ़ावा मिलेगा।

बबली रॉय। (पांडुलिपि रीडर)

भूमिका

प्रस्तावना

आप सरल एसईओ परिभाषा को एक प्रभावी प्रक्रिया में बदल सकते हैं जो दीर्घकालिक सफलता उत्पन्न करती है। और यहां तक कि अगर आपके पास एक अनुभवी इन-हाउस एसईओ सहयोगी नहीं है, तब भी आप कुछ सकारात्मक बदलाव करना शुरू कर सकते हैं जो आपके खोज इंजन अनुकूलन को बेहतर बनाने में आपकी मदद करेंगे। अपने बेल्ट के तहत थोड़ा एसईओ ज्ञान के साथ, आप कुछ ही समय में अपने ब्रांड की खोज इंजन रैंकिंग में सुधार करने के रास्ते पर हो सकते हैं।

इसका काम खोज इंजनों के लिए वेबसाइटों को अनुकूलित करना और आपके आगंतुकों के अनुरूप डेटा प्रदान करना है। यह एक ऐसी प्रक्रिया है जिसके द्वारा आप अपनी वेबसाइट पर निःशुल्क, ऑर्गेनिक और एडिटोरियल ट्रैफिक बढ़ा सकते हैं। इसके अलावा, उपयोगकर्ता की गुणवत्ता को नेविगेट करना और उनकी वेबसाइटों की गुणवत्ता को बढ़ाना आसान है । अगर हम सर्च इंजन की बात करें तो सबसे पहले गूगल सर्च इंजन नाम सूचि में शामिल है। इसके अलावा Yahoo, Bing, Yandex, Ask, Goo, Sogou आदि जैसे सर्च इंजन उपलब्ध हैं । जब Optimization की बात आती है, तो किसी वेबसाइट या ब्लॉग को सर्च इंजन पर पहले पेज पर रैंक करना, अगर आप ब्लॉग को रैंक के लिए ऑप्टिमाइज़ नहीं करते हैं, तो ट्रैफ़िक कहाँ से आएगा, ट्रैफ़िक नहीं तो आय नहीं।

इतना जानने के बाद यहां एक अच्छा पॉइंट है समझने के लिए, SEO के लास्ट शब्द "O" का मतलब है सर्च इंजन पर इन सभी चीजों को Optimize करना.जब कोई उपयोगकर्ता Google जैसे खोज इंजन पर कुछ खोजता है, तो वह खोज परिणाम प्रदर्शित करता होता है । इन सूचि में वह वेबसाइटों की एक श्रेणी है जो क्वेरी से संबंधित हैं और उच्च डोमेन प्राधिकरण, ओल्ड डोमेन, यूनिक कंटेट्स और बैकलिंक्स वाली वेबसाइट हैं । उदाहरण के लिए जब आप Ideas 'Chocolate cake ideas' की खोज करते है, तो टॉप परिणाम वे हैं जिन्होंने Google की नज़र में सबसे अच्छा एसईओ अनुकूलन किया है, वे वेबसाइटें पहले पृष्ठ और पहली सूची में शामिल होती है. यहाँ खोज इंजन एडवांस क्रॉलर का उपयोग करता है और Google बॉट एक सॉफ्टवेयर है जो क्रॉलिंग के माध्यम से सभी वेबसाइट पर जानकारी एकत्र करता है।

वेबसाइटें जो अच्छे एसईओ नियमों का पालन करती हैं, वे वेबसाइट एकत्र करता हैं और इसे जल्दी से इंडेक्स करता और यूजर ने सर्च इंजन पर किये कीवइर्स सर्च रिजल्ट में रैंक द्वारा सूची शो करता है । यहाँ आपको ध्यान रखना है की हमारी Websites या Blog में SEO optimization करना जरुरी है ये तब जरुरी है जब हम पहले पेज पर रैंक करना चाहते है और जब आप पहले पेज पर रैंक मिलेगा तभी हमारे ब्लॉग की ट्रैफिक और आय भी बढ़ेगी ।

भूमिका

प्रदीप कुमार रॉय, 223-ए, बी, मुखर्जी रोड, नूतनगंज, दिघिरपूल, बर्धमान-713102, पश्चिम बंगाल।

<u>अस्वीकरण</u>

इस काम की नकल, बिक्री, सामग्री के रूप में किसी भी तरह से उपयोग नहीं किया जा सकता है या आपका नाम तब तक नहीं डाला जा सकता जब तक कि आप इसे बेचने के लिए पर्याप्त अधिकार नहीं खरीद लेते या इसे हमारे और अधिकृत पुनर्विक्रेता/वितरक से अपने रूप में वितरित नहीं करते। इस प्रकाशन में सटीक होने का हर संभव प्रयास किया गया है। प्रकाशक त्रुटियों, चूक या विपरीत व्याख्या के लिए कोई जिम्मेदारी नहीं लेता है। हम इस विषय पर सर्वोत्तम जानकारी प्रदान करने की पूरी कोशिश करते हैं, लेकिन केवल इसे पढ़ने से सफलता की गारंटी नहीं होती है।

आप जो परिणाम खोज रहे हैं उसे प्राप्त करने के लिए आपको प्रक्रिया के हर चरण को लागू करना होगा। यह प्रकाशन किसी कानूनी, चिकित्सा या लेखा सलाह के स्रोत के रूप में उपयोग के लिए अभिप्रेत नहीं है। इस गाइड में निहित जानकारी संयुक्त राज्य और अन्य अधिकार क्षेत्र में कानूनों के अधीन हो सकती है। हम सुझाव देते हैं कि किसी भी गतिविधि पर लागू करने से पहले उपयोग की जाने वाली सेवाओं/उत्पादों की आवश्यक शर्तों को ध्यान से पढ़ें, जो विनियमित हैं या हो सकती हैं। आप इस जानकारी के साथ क्या करना चुनते हैं, इसके लिए हम कोई जिम्मेदारी नहीं लेते हैं। अपने निर्णय का प्रयोग करें।

विशिष्ट लोगों या संगठनों की कोई भी कथित मामूली, और जीवित, मृत या अन्यथा, वास्तविक या काल्पनिक पात्रों से कोई समानता, विशुद्ध रूप से अनजाने में है। पिछले परिणामों के कुछ उदाहरण इस प्रकाशन में उपयोग किए गए हैं; वे केवल उदाहरण के उद्देश्यों के लिए हैं और गारंटी नहीं देते हैं कि आपको वही परिणाम मिलेंगे। आपके परिणाम हमारे से भिन्न हो सकते हैं। इस जानकारी के उपयोग से आपके परिणाम आप पर, आपके कौशल और प्रयास और अन्य विभिन्न अप्रत्याशित कारकों पर निर्भर करेंगे। आपके लिए यह स्पष्ट रूप से समझना महत्वपूर्ण है कि सभी विपणन गतिविधियों में परीक्षण उद्देश्यों के लिए निवेश के नुकसान की संभावना होती है। इस जानकारी का उपयोग बुद्धिमानी से और अपने जोखिम पर करें।

प्रकाशक।

पावती (स्वीकृति)

<u>मेरा आभार और स्वीकारोक्ति</u>

इस पुस्तक को पूरा करने के लिए मैंने विभिन्न पुस्तकों, पत्रिकाओं, वेबसाइटों, सोशल मीडिया जैसे फेसबुक, Quora, विभिन्न विद्वानों के साथ विचार-विमर्श और उनकी विभिन्न राय, विकिपीडिया, विभिन्न पारंपरिक पुस्तकों, आदि के लिए मदद की। उन सभी और इस पुस्तक के प्रकाशक के प्रति मेरी ईमानदारी से आभार। ये पाठक की मानसिक शक्ति को बढ़ाने में मदद करेंगे।

प्रदीप कुमार रॉय।

आमुख

<u>लेखक का परिचय</u>

लेखक ने 31+ वर्षों की सेवा के बाद बैंकिंग सेवाओं से स्वेच्छा से सेवानिवृत्त होने का निर्णय लिया। उस समय, वह एसबीआई की पुरशुर शाखा में मुख्य प्रबंधक (ऑफ़िंग) के रूप में तैनात थे। एसबीआई में, उन्होंने शाखा प्रबंधक, मानव संसाधन प्रबंधक, सिस्टम मैनेजर आदि जैसी विभिन्न गतिविधियों में काम किया। उस समय, लेखक का शौक अलग-अलग जादू का आविष्कार करना और विभिन्न लेख लिखना था। उनकी पहली पुस्तक "प्रेरणा" 2013 में प्रकाशित हुई थी। उनके विभिन्न लेख और निबंध पहले से ही व्यापक रूप से प्रसारित और कम प्रकाशित समाचार पत्रों और पत्रिकाओं में प्रकाशित हुए हैं। जादू के मामले में, लेखक की छवि के साथ बायोडाटा को विश्व निर्देशिका के जादूगरों में प्रकाशित किया गया था।

लेखक की शैक्षिक योग्यता B.Sc. (ऑनर्स। फिजिक्स), M.Sc. (कंप्यूटर साइंस), कंप्यूटर एप्लीकेशन पोस्ट ग्रेजुएट डिप्लोमा (PGDCA), सिस्को सर्टिफाइड नेटवर्क एसोसिएट्स-ग्लोबल (CCNA), इंडियन इंस्टीट्यूट ऑफ बैंकिंग (CAIIB) का प्रमाणित एसोसिएट। उन्होंने विभिन्न सर्टिफिकेट कोर्स जैसे फोटो, वीडियो और ऑडियो एडिटिंग, एनीमेशन, हार्डवेयर, कोबोल प्रोग्रामिंग, हिंदी प्राज़ कोर्स आदि भी किए हैं। रिटायर होने के बाद, लेखक ने कई अकादमियों के साथ "बैंकिंग" में एक विशेषज्ञ प्रशिक्षक के रूप में भी काम किया और अब वह अपने YouTube चैनल, फेसबुक पेज, वेबसाइट, ब्लॉग, स्टॉक फोटोग्राफी, विभिन्न लेखों, स्व-प्रकाशित पुस्तकों आदि पर काम करता है और वह इंटरनेट आधारित काम में भी लगे है।

निम्नलिखित पुस्तकें जो लेखक द्वारा लिखी गई हैं, वे पहले से ही अमेज़न, फ्लिप कार्ट, नोशन प्रेस, पोथी के ऑनलाइन आउटलेट पर प्रकाशित और उपलब्ध हैं।

बंगाली में - 1) प्रेरणा 2) अनुप्रेरणा 3) महाभारत में ऐसे कौन से तथ्य अंकित हैं जो आज भी प्रासंगिक हैं? 4) पौराणिक कथाओं का निहित अर्थ 5) रामायण की अज्ञात जानकारी 6) मानवता की पूजा करने वाले एक अल्पज्ञात भारतीय की कहानी 7) आसपास के पौधों के औषधीय और सौंदर्य गुण 8) ज्ञात लोगों की अज्ञात कहानी 9) इसे कल्पना, कल्पना में मत करो और बात 10) बाबा का अर्थ है--, माँ का अर्थ-- 11) स्वयं के भीतर आदि।

अंग्रेजी में::- 1) बैंकिंग पत्र कैसे लिखें (बैंकर और ग्राहक के लिए) 120 से अधिक प्रासंगिक नमूना पत्र। 2) ईमेल कैसे लिखें (नैतिकता, उदाहरण और ईमेल के नमूने)। 3) मानवता के एक अल्पज्ञात भारतीय उपासक की कहानी। 4) प्रेरणा और प्रेरणा के रहस्य। 5) बर्धमान में अलोकप्रिय लेकिन ऐतिहासिक रुचि के साथ आकर्षक पर्यटन स्थल। 6) ग्राहक के लिए डिजिटल बैंकिंग तैयार संदर्भ। 7) कल्पना, ट्रोल और मीम्स में 'कोरोना'। 8) बीसी

और बीएफ परीक्षा के उत्तर के साथ एमसीक्यू 9) अपनी मानसिक शक्ति में सुधार कैसे करें 10) सामान्य योग्यता (सीएसआईआर नेट-पिछला प्रश्नोत्तर स्पष्टीकरण और हल करने के संकेत के साथ) 11) लघु कथाएँ और किस्से 12) भारत में मुफ्त सर्वश्रेष्ठ निजी अस्पताल आदि।

हिंदी में:- 1) कैसे प्रेरक कौशल में सुधार कर सकते हैं 2) छात्र: ओ बैंकर के लिए बैंकिंग 3) "कोरोना" - कैथॉन ट्रोल्स या मीम्स 4) ऐतिहासिक आकर्षक पर्यटन स्थल, बर्दवान 5) आप मानक शक्ति का विकास कैसे का 6) संबंध बिपन का विकास करने के सबसे अखर तारिका 7) नकद आदि में लिखा हुआ बैंकिंग पत्र 8) बैंकिंग प्रश्नोत्तर प्रकाशित। प्रकाशक।

प्रस्ताव

इस पुस्तक का निर्माण मेरी प्रकाशित पुस्तक के अनगिनत पाठकों और मेरे ब्लॉग, वेबसाइट, फेसबुक पेज, यूट्यूब आदि के अनुयायियों और दर्शकों की रुचि और प्रेरणा से प्रेरित था।

वेबसाइट-https: //pkrbur.com; www.rayfamily.itgo.com

ब्लॉग- बंगाली में प्रेरक- https://pkrnet.blogspot.com;

ब्लॉग- हिंदी में प्रेरक - https://pkrhindi.blogspot.com

ब्लॉग - अंग्रेजी में प्रेरक- https://pkrbur.com/blog-motivational/

ब्लॉग - यात्रा और यात्रा - https://pkrbur.com/blog-tour-travel/

ब्लॉग - छात्रों के लिए बैंकिंग - https://pkrbank.blogspot.com

ग्राहकों के लिए ब्लॉग-बैंकिंग तकनीक- https: //pkrbur.com/blog-banking-technology-for-customer/

PKR वीडियो और ऑडियो - https://pkrbur.com/p-k-r-video-audio-links/

Facebook पृष्ठ - https://www.facebook.com/pradip1/

PKRNET फेसबुक पेज - https://www.facebook.com/Pkrnet-Institute-192616401621756/

फेसबुक ग्रुप: -Motivational & Inspirational https://www.facebook.com/groups/Motivation62

FACEBOOK - https://www.facebook.com/profile.php?id=100009528403607

YouTube- SHANTANURUDRA- भेस प्रदीप क्र का नाम। रे -https://www.youtube.com/channel/UC9ZCD6070OMsP0pdwcgSBwwY

YouTube - PRADIP KUMAR RAY -PKRNET, BURDWAN
https://www.youtube.com/channel/UC5wyD8s3usaRfMDduEjR1LQ?view_as=subscriber

ई-मेल: pradip.ray1911@gmail.com, Pkrnet.burdwan@gmail.com

लेखक की प्रकाशित पुस्तकें देखने के लिए, लिंक पर जाएँ: https://pkrbur.com/professional/

1

एसईओ की मूल बातें

जानना चाहते हैं कि SEO क्या है और यह कैसे काम करता है? SEO मार्केटिंग के बारे में जानना चाहते हैं और इसे अपने व्यवसाय के लिए कैसे लागू करें? हमने आपको SEO अर्थ, SEO ऑप्टिमाइज़ेशन और SEO मार्केटिंग के बारे में अधिक सिखाने के लिए यह सरल मार्गदर्शिका बनाई है। इस संसाधन के साथ, आप अपनी SEO परिभाषा देने और दीर्घकालिक परिणाम उत्पन्न करने में सक्षम होंगे।

LYFE मार्केटिंग में हमारे ग्राहकों से हमें जो सबसे बड़ा प्रश्न मिलता है, उनमें से एक है – SEO क्या है और यह कैसे काम करता है? उन व्यवसायों के लिए जो अभी अपनी वेबसाइट बनाना शुरू कर रहे हैं या वेबसाइट को नया स्वरूप दे रहे हैं, सर्च इंजन ऑप्टिमाइजेशन या SEO थोड़ा डराने वाला लग सकता है। लेकिन जरूरी नहीं कि ऐसा ही हो।

आप सरल एसईओ परिभाषा को एक प्रभावी प्रक्रिया में बदल सकते हैं जो दीर्घकालिक सफलता उत्पन्न करती है। और यहां तक कि अगर आपके पास एक अनुभवी इन-हाउस एसईओ सहयोगी नहीं है, तब भी आप कुछ सकारात्मक बदलाव करना शुरू कर सकते हैं जो आपके खोज इंजन अनुकूलन को बेहतर बनाने में आपकी मदद करेंगे। अपने बेल्ट के तहत थोड़ा एसईओ ज्ञान के साथ, आप कुछ ही समय में अपने ब्रांड की खोज इंजन रैंकिंग में सुधार करने के रास्ते पर हो सकते हैं।

नीचे, हम मिलियन डॉलर के प्रश्न का उत्तर प्रदान करेंगे - SEO क्या है और यह कैसे काम करता है । हमारी SEO परिभाषा और सामान्य मार्गदर्शिका SEO की कुछ मूलभूत बातों को भी कवर करेगी ताकि आप बेहतर ढंग से समझ सकें कि यह आपके व्यवसाय को कैसे प्रभावित करता है और अच्छे आकार में रहने के लिए आपको क्या करने की आवश्यकता है।

यदि आप यहां हैं, तो आप शायद सोच रहे होंगे कि SEO क्या है और यह कैसे काम करता है । आइए गहरी खुदाई करें।

SEO की परिभाषा, *SEO* का अर्थ और *SEO* मार्केटिंग कैसे काम करता है

SEO क्या है और यह कैसे काम करता है? यहां हम SEO की परिभाषा और SEO अर्थ की मूल बातें शुरू करेंगे। सर्वश्रेष्ठ सर्च इंजन रैंकिंग वाले व्यवसाय एसईओ अनुकूलन को अंदर और बाहर जानने के महत्व को समझते हैं, लेकिन निश्चित रूप से उन्हें पहले मूल बातें मास्टर करनी थीं।

एसईओ परिभाषा: एसईओ एक संक्षिप्त शब्द है जो खोज इंजन अनुकूलन के लिए खड़ा है, जो आपकी वेबसाइट को खोज इंजन परिणाम पृष्ठ से जैविक, या बिना भुगतान, ट्रैफ़िक प्राप्त करने के लिए अनुकूलित करने की प्रक्रिया है।

वेबसाइट के डिज़ाइन और सामग्री में कुछ बदलाव करना शामिल है जो आपकी साइट को एक खोज इंजन के लिए अधिक आकर्षक बनाता है। आप ऐसा इस उम्मीद में करते हैं कि खोज इंजन आपकी वेबसाइट को खोज इंजन परिणाम पृष्ठ पर शीर्ष परिणाम के रूप में प्रदर्शित करेगा।

हालाँकि SEO अर्थ और SEO मार्केटिंग विभिन्न कारकों के कारण जटिल लग सकते हैं जो आपकी रैंकिंग को प्रभावित कर सकते हैं, लेकिन सर्च इंजन ऑप्टिमाइजेशन की प्रक्रिया

जितनी आसान लगती है, उससे कहीं अधिक आसान है।

खोज इंजन अपने उपयोगकर्ताओं के लिए सर्वोत्तम सेवा प्रदान करना चाहते हैं। इसका अर्थ है खोज इंजन पृष्ठों पर ऐसे परिणाम देना जो न केवल उच्च गुणवत्ता वाले हों बल्कि खोजकर्ता के लिए प्रासंगिक भी हों।

ऐसा करने के लिए, खोज इंजन साइट के बारे में बेहतर ढंग से समझने के लिए विभिन्न वेबसाइटों को स्कैन या क्रॉल करेगा। इससे उन्हें उन लोगों को अधिक प्रासंगिक परिणाम देने में मदद मिलती है जो कुछ खास विषयों या कीवर्ड की खोज कर रहे हैं।

इसी तरह, खोज इंजन साइट को यह निर्धारित करने के लिए स्कैन करेगा कि नेविगेट करना और पढ़ना कितना आसान है, खोज इंजन परिणाम पृष्ठ पर उच्च रैंकिंग वाले उपयोगकर्ता के अनुकूल साइटों को पुरस्कृत करता है।

खोज इंजन अनुकूलन वह प्रक्रिया है जिससे संगठन यह सुनिश्चित करने में मदद करते हैं कि उनकी साइट प्रासंगिक कीवर्ड और वाक्यांशों के लिए खोज इंजन में उच्च रैंक पर है। उदाहरण के लिए, मान लें कि आपके पास एक बर्डहाउस बनाने के तरीके के बारे में एक लेख है।

अपनी सामग्री को सही लोगों के सामने लाने के लिए, आप अपने इस ब्लॉग पोस्ट को अनुकूलित करने का प्रयास करना चाहते हैं ताकि यह "एक पक्षीघर बनाएँ" वाक्यांश की खोज करने वाले किसी भी व्यक्ति के लिए एक शीर्ष परिणाम के रूप में दिखाई दे।

आपके व्यवसाय के लिए खोज इंजन अनुकूलन को लागू करने के कई लाभ हैं। अपने एसईओ में सुधार करके, आप खोज इंजन पर अपनी दृश्यता का विस्तार करने के लिए काम कर सकते हैं। इससे आपको अधिक संभावित ग्राहकों तक पहुंचने और उन्हें जोड़ने में मदद मिलती है। अधिक आकर्षक और प्रभावी SEO-केंद्रित सामग्री बनाकर, आप अधिक लक्षित ऑर्गेनिक ट्रैफ़िक लाने की संभावना बढ़ा सकते हैं।

अधिक दृश्यता और पठनीयता के लिए अपनी वेबसाइट और सामग्री को समायोजित करके, आप अपने एसईओ अर्थ देने में मदद करते हैं। जब आप शीर्ष पर हो सकते हैं तो आपको निम्न SERP रैंकिंग के लिए समझौता नहीं करना चाहिए।

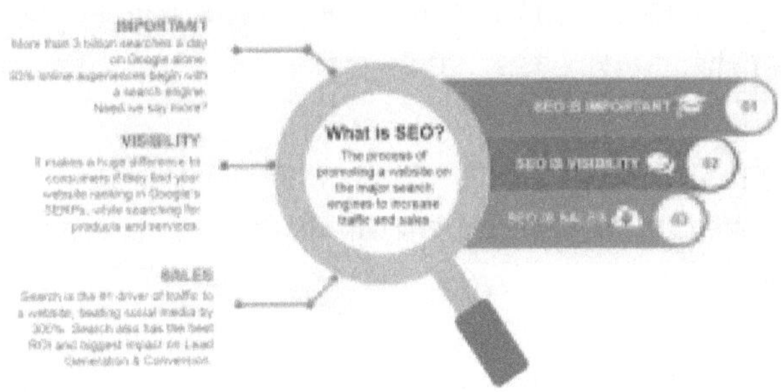

एसईओ परिभाषा, एसईओ अर्थ और एसईओ मार्केटिंग को प्रभावित करने वाले कारक

अब जब आप SEO की परिभाषा जानते हैं और यह कैसे काम करता है , तो आप सोच रहे होंगे कि "मैं SEO मार्केटिंग कैसे करूँ?" या "क्या SEO ऑप्टिमाइज़ेशन काम करता है?" इस मामले की सच्चाई यह है कि एसईओ मार्केटिंग वास्तव में काम करती है, और उचित कार्यान्वयन किसी को भी अच्छे परिणाम उत्पन्न करने में मदद कर सकता है ।

आइए कुछ ऐसे कारकों पर एक नज़र डालें जो आपकी खोज इंजन अनुकूलन रैंकिंग को प्रभावित कर सकते हैं। सर्च इंजन की दिग्गज कंपनी, Google साइटों को रैंक करने के लिए उपयोग किए जाने वाले सटीक एल्गोरिथम को कभी नहीं देगा। हालाँकि, हमें कुछ ऐसे कारकों की अच्छी समझ है जो खोज इंजन परिणाम पृष्ठ (SERP) रैंकिंग को प्रभावित करते हैं। इन कारकों में ऑन-पेज और ऑफ-पेज दोनों कारक शामिल हैं, जिनके बारे में हम नीचे चर्चा करेंगे।

ऑन-पेज और ऑफ-पेज एसईओ अनुकूलन को प्रभावित करने वाले कारक

1. सामग्री विपणन

इससे पहले कि हम ऑन और ऑफ-पेज एसईओ के कुछ कारकों में गोता लगाएँ, आइए सामग्री के बारे में बात करते हैं। सामग्री खोज इंजन को आकर्षित करने और आपके संगठन को साइट आगंतुकों के साथ संबंध बनाने में मदद करने दोनों में प्रभावी है। आपके दृश्य और लिखित सामग्री के माध्यम से SEO अर्थ पर और भी जोर दिया जा सकता है।

आपकी साइट पर जितनी अधिक गुणवत्ता, प्रासंगिक सामग्री के टुकड़े होंगे, उतनी ही अधिक संभावना होगी कि खोज इंजन आपके पृष्ठों को खोज इंजन परिणाम पृष्ठ पर उच्च रैंक देंगे।

इसी तरह, आपकी साइट पर जितनी अधिक आकर्षक और प्रभावी सामग्री होगी, उतनी ही अधिक संभावना होगी कि आपके विज़िटर आपकी वेबसाइट पर कुछ गुणवत्तापूर्ण समय बिताएंगे और शायद खरीदारी भी करेंगे।

सामग्री बनाने का रहस्य जो खोज इंजन और आपके मानव साइट आगंतुकों दोनों के लिए अनुकूलित है, विभिन्न प्रकार के विभिन्न प्रकार के सामग्री टुकड़े बनाना है जो अच्छी तरह से लिखे गए हैं और उन विषयों पर हैं जो आपके दर्शकों के लिए सबसे अधिक प्रासंगिक

हैं।

यहां कुछ प्रकार की सामग्री दी गई है जिन पर आप अपनी सामग्री की पेशकश को बेहतर बनाने में सहायता के लिए ध्यान केंद्रित कर सकते हैं और इस प्रकार, आपकी खोज इंजन रैंकिंग:

- ब्लॉग पोस्ट और लेख
- सोशल मीडिया सामग्री
- ई-किताबें और श्वेतपत्र
- कैसे-कैसे मार्गदर्शिकाएँ और ट्यूटोरियल
- वीडियो और ऑडियो रिकॉर्डिंग
- जानकारी ग्राफिक्स या अन्य दृश्य सामग्री

आपकी साइट के लिए सामग्री बनाते समय विचार करने वाली एक और महत्वपूर्ण बात है SEO कीवर्ड और वाक्यांश। ये प्रासंगिक शब्द और वाक्यांश हैं जो एक खोज इंजन उपयोगकर्ता अपने प्रश्नों या प्रासंगिक उत्पादों और सेवाओं के उत्तर की तलाश में टाइप कर सकता है।

जब आप इन कीवर्ड और वाक्यांशों के आसपास सामग्री बनाते हैं, तो आप खोज इंजन परिणाम पृष्ठ पर इन कीवर्ड के लिए उच्च रैंकिंग की संभावना में सुधार करते हैं।

फिर भी एक अन्य कारक जो आपकी सामग्री को प्रभावित कर सकता है, और इस प्रकार आपकी खोज इंजन रैंकिंग, यह है कि आपकी सामग्री कितनी ताज़ा है। ताजगी मूल रूप से यह दर्शाती है कि आपका संगठन आपकी साइट पर कितनी बार नई सामग्री पोस्ट करता है।

हालाँकि, अपनी सामग्री को ताज़ा रखने का एकमात्र तरीका बिल्कुल नई सामग्री बनाना नहीं है। आप पोस्ट को अपडेट करके, उन्हें अधिक प्रभावी बनाने के लिए उन्हें फिर से लिखकर, या समय के साथ नई जानकारी और आंकड़े जोड़कर अपनी सामग्री को ताज़ा कर सकते हैं।

हालांकि सामग्री बनाने में समय और संसाधन लगते हैं, लेकिन यह अंत में भुगतान से अधिक होगा। खोज इंजन महान सामग्री को पसंद करते हैं और उपभोक्ताओं को आपके संगठन द्वारा प्रदान किए जा सकने वाले मूल्य को बेहतर ढंग से समझने के लिए गुणवत्तापूर्ण सामग्री की आवश्यकता होती है।

कुछ ब्लॉग पोस्ट बनाकर शुरुआत करें और सोशल मीडिया पर निम्नलिखित बनाने का काम करें। एक बार जब आपके पास वफादार प्रशंसकों और अनुयायियों का एक समूह होता है, तो आपका संगठन नए लीड को आकर्षित करने और संलग्न करने के लिए विभिन्न प्रकार के मीडिया बनाने के लिए काम कर सकता है।

2. ऑन- पेज *SEO* ऑप्टिमाइजेशन

ऑन-पेज एसईओ कारक वे तत्व हैं जो आपकी वेबसाइट पर होते हैं। ये वे चीजें हैं जिन पर आपका पूरा नियंत्रण है, जिसका अर्थ है कि आप एसईओ के लिए सर्वोत्तम प्रथाओं का पालन करके समय के साथ इन कारकों को बेहतर बनाने के लिए काम कर सकते हैं। यह आपकी सामग्री मार्केटिंग से परे आपकी साइट के HTML के गहरे स्तरों तक जाता है।

यहां कुछ ऑन-पेज एसईओ कारक दिए गए हैं जो <u>आपकी खोज रैंकिंग को बेहतर बनाने</u> <u>में आपकी मदद कर सकते हैं</u> :

- **शीर्षक टैग** - प्रत्येक पृष्ठ पर शीर्षक टैग खोज इंजनों को बताता है कि आपका पृष्ठ किस बारे में है। यह 70 वर्णों या उससे कम का होना चाहिए, जिसमें आपकी सामग्री पर केंद्रित कीवर्ड और आपके व्यवसाय का नाम दोनों शामिल हैं।

- **मेटा विवरण** - आपकी वेबसाइट पर मेटा विवरण खोज इंजनों को प्रत्येक पृष्ठ के बारे में थोड़ा और बताता है। इसका उपयोग आपके मानव आगंतुकों द्वारा यह बेहतर ढंग से समझने के लिए भी किया जाता है कि पृष्ठ किस बारे में है और यदि यह प्रासंगिक है। इसमें आपका कीवर्ड शामिल होना चाहिए और पाठक को यह बताने के लिए पर्याप्त विवरण भी देना चाहिए कि सामग्री किस बारे में है।

- **उप-शीर्षक** – उप-शीर्षक न केवल आपकी सामग्री को आगंतुकों के लिए पढ़ने में आसान बनाते हैं, बल्कि यह आपके एसईओ को बेहतर बनाने में भी मदद कर सकता है। आप H1, H2, और H3 टैग का उपयोग खोज इंजन को बेहतर ढंग से समझने में मदद करने के लिए कर सकते हैं कि आपकी सामग्री किस बारे में है।

- **आंतरिक लिंक** - अपनी साइट पर अन्य सामग्री के लिए आंतरिक लिंक, या हाइपरलिंक बनाना, खोज इंजनों को आपकी साइट के बारे में अधिक जानने में मदद कर सकता है। उदाहरण के लिए, यदि आप किसी विशिष्ट उत्पाद या सेवा के मूल्य के बारे में कोई पोस्ट लिख रहे हैं, तो आप अपने ब्लॉग पोस्ट में उत्पाद या सेवा पृष्ठ से लिंक कर सकते हैं।

- **छवि का नाम और एएलटी टैग** - यदि आप अपनी वेबसाइट पर या अपने ब्लॉग सामग्री में छवियों का उपयोग कर रहे हैं, तो आप छवि नाम और ऑल्ट टैग में अपना कीवर्ड या वाक्यांश भी शामिल करना चाहेंगे। इस जानकारी को शामिल करके, आप अपनी SEO परिभाषा देने में भी मदद करते हैं। यह खोज इंजन को आपकी छवियों को बेहतर ढंग से अनुक्रमित करने में मदद करेगा, जो तब प्रकट हो सकता है जब उपयोगकर्ता किसी निश्चित कीवर्ड या वाक्यांश के लिए छवि खोज करते हैं।

अपने एसईओ कीवर्ड और वाक्यांशों को अपने पृष्ठों पर रणनीतिक रूप से रखते समय, अति-अनुकूलन से बचना महत्वपूर्ण है। Google और अन्य खोज इंजन आपके पृष्ठ को दंडित करेंगे यदि वह पूरी सामग्री में कई बार कीवर्ड का उपयोग करने का प्रयास करता है।

इसके अलावा, आप यह सुनिश्चित करना चाहते हैं कि सामग्री का प्रत्येक भाग केवल एक या दो खोजशब्दों पर केंद्रित हो। इससे यह सुनिश्चित करने में मदद मिलती है कि आपकी सामग्री विशिष्ट और प्रासंगिक है। एक साथ बहुत सारे कीवर्ड्स से निपटने की कोशिश करना आपके सर्च इंजन ऑप्टिमाइजेशन को नकारात्मक रूप से प्रभावित कर सकता है क्योंकि यह अक्सर गैर-केंद्रित और पतली सामग्री के लिए बनाता है।

जहां साइट सामग्री आपकी खोज इंजन रैंकिंग में महत्वपूर्ण भूमिका निभाती है, वहीं आपकी साइट की संरचना पर विचार करना भी महत्वपूर्ण है। अनुकूलन प्रक्रिया का एक हिस्सा यह सुनिश्चित करना है कि आपके वेब पेजों के सभी भागों पर SEO की परिभाषा दी जाए। आप एक ऐसे वेबसाइट डिज़ाइन का उपयोग करना चाहते हैं जो खोज इंजनों के लिए आपके पृष्ठों और सामग्री को स्कैन या क्रॉल करना आसान बनाता है।

अपने पृष्ठों के बीच आंतरिक लिंक बनाना, साइटमैप बनाना और खोज इंजन में <u>अपना साइटमैप सबमिट करना</u> , दोनों ही आपकी साइट की क्रॉल क्षमता को बेहतर बनाने में मदद कर सकते हैं और आपके खोज इंजन को आपकी सामग्री की बेहतर समझ प्रदान कर सकते हैं।

फिर भी जब आपकी साइट के आर्किटेक्चर की बात आती है तो एक और चिंता यह है कि आपकी वेबसाइट मोबाइल के अनुकूल है या नहीं। कई उपभोक्ता अपने मोबाइल उपकरणों पर जानकारी और ब्रांड खोज रहे हैं।

आपको यह सुनिश्चित करने की आवश्यकता है कि ये उपयोगकर्ता अपने मोबाइल डिवाइस से आपकी वेबसाइट को देखने, पढ़ने और नेविगेट करने में सक्षम हैं। यह न केवल उपयोगकर्ता अनुभव को प्रभावित करता है, बल्कि यह आपके एसईओ अनुकूलन को भी प्रभावित कर सकता है।

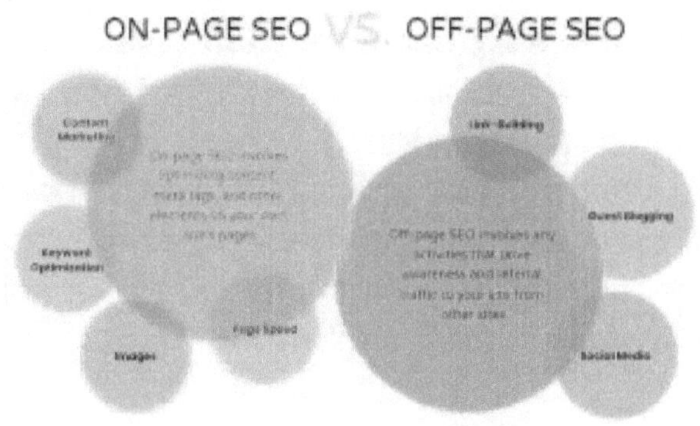

3. ऑफ-पेज SEO ऑप्टिमाइज़ेशन

आपके संगठन के नियंत्रण वाले ऑन-पेज एसईओ तत्वों के अलावा, ऑफ-पेज एसईओ कारक भी हैं जो आपकी रैंकिंग को प्रभावित कर सकते हैं। हालांकि इन ऑफ-पेज कारकों पर आपका सीधा नियंत्रण नहीं है, लेकिन ऐसे तरीके हैं जिनसे आप इन कारकों को अपने पक्ष में करने की संभावनाओं को बेहतर बना सकते हैं। (लेकिन बाद में उसके बारे में और ज्यादा!)

यहां कुछ अलग-अलग ऑफ-पेज एसईओ कारक हैं जो आपकी खोज इंजन रैंकिंग को प्रभावित कर सकते हैं:

- **विश्वास** - साइट की Google रैंकिंग में विश्वास एक महत्वपूर्ण कारक बनता जा रहा है। इस प्रकार Google यह निर्धारित करता है कि क्या आपके पास एक वैध साइट है जिस पर विज़िटर भरोसा कर सकते हैं। विश्वास को बेहतर बनाने के सर्वोत्तम तरीकों में से एक है उन साइटों से गुणवत्तापूर्ण बैकलिंक्स बनाना जिनके पास अधिकार है।
- **लिंक** – ऑफ-पेज एसईओ बनाने के सबसे लोकप्रिय तरीकों में से एक बैकलिंक्स के माध्यम से है। आप यहां सावधान रहना चाहते हैं क्योंकि आपके लिंक वाली साइटों को स्पैमिंग करना आपकी साइट को खोज इंजन से प्रतिबंधित करने का एक त्वरित और आसान तरीका है। इसके बजाय, गुणवत्ता सामग्री बनाने वाले प्रभावशाली लोगों और प्रशंसकों के साथ संबंध बनाने के लिए समय निकालें और अपनी सामग्री में आपकी साइट पर वापस लिंक करेंगे।
- **सामाजिक** – एक अन्य महत्वपूर्ण ऑफ-पेज एसईओ कारक सामाजिक संकेत हैं, जैसे पसंद और शेयर। जब SEO को बढ़ावा देने की बात आती है, तो आप प्रभावशाली लोगों से गुणवत्ता वाले शेयरों की तलाश करना चाहते हैं। आप जितनी अधिक गुणवत्ता वाली सामग्री प्रकाशित करेंगे, उतनी ही अधिक संभावना होगी कि आप लोगों को अपनी सामग्री दूसरों के साथ साझा करने के लिए प्रेरित करेंगे।

यद्यपि आपके संगठन के बाहर क्या होता है, इस पर आपका सीधा नियंत्रण नहीं है, आप केवल गुणवत्ता वाली सामग्री बनाकर ऑफ-पेज एसईओ में सुधार करने की संभावना बढ़ा सकते हैं जो दूसरों को मूल्यवान लगेगी।

अपना SEO अर्थ देकर, आप अधिक खोज इंजन उपयोगकर्ताओं का ध्यान आकर्षित कर सकते हैं। आपकी सामग्री जितनी अधिक प्रासंगिक और दिलचस्प होगी, उतनी ही अधिक संभावना होगी कि अन्य लोग आपकी सामग्री से लिंक करें और इसे सोशल मीडिया पर साझा करें। जितने अधिक लोग आपकी सामग्री पर भरोसा करेंगे, उतना ही अधिक खोज इंजन भी होगा।

ब्लैक हैट बनाम व्हाइट हैट एसईओ परिभाषा

हमने SEO पर चर्चा की है और यह कैसे काम करता है, तो चलिए इसे और भी आगे तोड़ते हैं। जब एसईओ की बात आती है, तो दो अलग-अलग दृष्टिकोण होते हैं जो संगठन खोज इंजन के लिए अपनी साइटों को अनुकूलित करने के लिए लेते हैं - ब्लैक हैट बनाम व्हाइट हैट एसईओ ।

कुछ संगठन केवल SEO में रुचि रखते हैं ताकि वे अपनी सामग्री को जल्दी से रैंक कर सकें और अल्पावधि में कुछ पैसे कमा सकें। ब्लैक हैट एसईओ में ऐसी रणनीतियाँ शामिल हैं जो केवल खोज इंजन के लिए सामग्री के अनुकूलन पर ध्यान केंद्रित करती हैं।

इसका मतलब यह है कि संगठन उन मानव आगंतुकों पर विचार नहीं कर रहे हैं जो उनकी साइट की सामग्री को पढ़ेंगे और नेविगेट करेंगे। ये संगठन अपनी साइट रैंकिंग में सुधार करने के लिए जल्दी पैसा कमाने के लिए नियमों को तोड़ेंगे या तोड़ेंगे।

अंत में, एसईओ के लिए यह दृष्टिकोण उन पृष्ठों का निर्माण करता है जो अक्सर लोगों के लिए पढ़ने और स्पैम की तरह दिखने में मुश्किल होते हैं। यद्यपि साइटें ठीक से अनुकूलित की गई साइटों की तुलना में अधिक तेज़ी से रैंक कर सकती हैं, इन साइटों को अक्सर खोज इंजन द्वारा दंडित या प्रतिबंधित किया जाता है, बल्कि जल्दी से।

कुल मिलाकर, एसईओ के लिए यह समृद्ध-त्वरित दृष्टिकोण एक ऐसी साइट बनाने के संगठन के अवसर को बर्बाद कर देता है जो टिकाऊ है और आने वाले वर्षों के लिए नई लीड लाने में सक्षम है।

दूसरी ओर, व्हाइट हैट एसईओ आपकी वेबसाइट को खोज इंजन के लिए अनुकूलित करने और ऑनलाइन एक स्थायी व्यवसाय बनाने के लिए एक प्रभावी तरीका है। खोज

इंजन अनुकूलन के लिए इस दृष्टिकोण में मानव दर्शकों पर ध्यान केंद्रित करना शामिल है जो साइट की सामग्री पर क्लिक करेंगे और पढ़ेंगे। अपनी वेबसाइट एसईओ परिभाषा देकर, आप सुनिश्चित करते हैं कि आपकी डिजिटल सामग्री को ढूंढना और देखना आसान है।

इस प्रकार के सर्च इंजन ऑप्टिमाइजेशन का लक्ष्य ऐसी साइट पर सर्वोत्तम संभव सामग्री तैयार करना है जो ऑप्टिमाइज़ेशन के लिए सर्च इंजन के नियमों का पालन करते हुए पढ़ने और नेविगेट करने में आसान हो।

यह ध्यान रखना महत्वपूर्ण है कि हालांकि ब्लैक हैट एसईओ रणनीति आपको जल्दी रैंक करने में मदद कर सकती है, यह अपरिहार्य है कि खोज इंजन अंततः यह पता लगा लेंगे कि आप क्या कर रहे हैं और आपकी साइट को दंडित करेंगे।

अपराध की गंभीरता के आधार पर, हो सकता है कि आपकी साइट दंड से वापस न आ पाए। एक स्थायी ऑनलाइन व्यवसाय बनाने का एकमात्र तरीका जो समय के साथ अधिक जैविक ट्रैफ़िक लाएगा, वह है SEO मार्केटिंग सर्वोत्तम प्रथाओं का पालन करना और प्रभावी सामग्री बनाना जो आपके आगंतुकों को मूल्यवान लगे।

<u>SEO क्या है और यह कैसे काम करता है: फाइनल टेकअवे</u>

यह जानने के बाद कि यह कैसे काम करता है, अब आप अपनी साइट में बदलाव करने के लिए काम कर सकते हैं ताकि <u>अपने SEO को बेहतर बनाया जा सके</u> और खोज इंजन परिणाम पृष्ठ पर अपनी रैंकिंग को बढ़ाया जा सके।

याद रखें, आपका एसईओ अर्थ और प्रभावशीलता कई कारकों से प्रभावित होती है, लेकिन सबसे महत्वपूर्ण बात यह है कि क्या आपकी सामग्री मूल्यवान है और आपके इच्छित दर्शकों के लिए प्रासंगिक है।

ध्यान रखें कि सर्च इंजन ऑप्टिमाइजेशन को अपना जादू चलाने में समय लगता है। आप रातोंरात SEO के लाभों का अनुभव नहीं करेंगे। वास्तव में, आपकी कड़ी मेहनत के परिणामों का आनंद लेने में महीनों लग सकते हैं।

हालाँकि, खोज इंजन सर्वोत्तम प्रथाओं का पालन करने से आपके SEO को अर्थ देने में मदद मिल सकती है। गुणवत्तापूर्ण सामग्री बनाना जो आपके मानव आगंतुकों की मदद करने पर केंद्रित है, एक स्थायी ऑनलाइन व्यवसाय बनाने का सबसे अच्छा तरीका है जो आने वाले वर्षों <u>में नए ऑर्गेनिक साइट ट्रैफ़िक लाना</u> जारी रखेगा।

इस बारे में अधिक जानने के इच्छुक हैं कि SEO आपके व्यवसाय के लिए कैसे काम कर सकता है? अपना SEO अर्थ बनाना और देना चाहते हैं? यदि आप अपनी खोज इंजन रैंकिंग से खुश नहीं हैं, तो अटलांटा एसईओ कंपनी में कॉल करने का समय आ सकता है। LYFE मार्केटिंग की प्रतिभाशाली टीम <u>गुणवत्तापूर्ण SEO सेवाएँ प्रदान करती</u> है जो आपकी खोज इंजन रैंकिंग को बेहतर बनाने और आपकी वेबसाइट पर अधिक प्रासंगिक ऑर्गेनिक ट्रैफ़िक लाने में आपकी मदद करेगी।

एसईओ के लिए शुरुआती गाइड

आपकी SEO सीखने की यात्रा में आपका स्वागत है!

खोज इंजन अनुकूलन (एसईओ) सीखने की इच्छा केवल अवधारणाओं को निष्पादित करने और परीक्षण करने की आपकी इच्छा से अधिक हो जाते हैं, तो आपको इस मार्गदर्शिका का अधिकतम लाभ मिलेगा।

इस गाइड को एसईओ के सभी प्रमुख पहलुओं का वर्णन करने के लिए डिज़ाइन किया गया है, शब्दों और वाक्यांशों (<u>कीवर्ड</u>) को खोजने से जो आपकी वेबसाइट पर योग्य ट्रैफिक उत्पन्न कर सकते हैं, आपकी साइट <u>को खोज इंजन के अनुकूल बनाने के लिए</u> , <u>लिंक बनाने</u> और आपकी साइट के अद्वितीय मूल्य का विपणन करने के लिए डिज़ाइन किया गया है।.

सर्च इंजन ऑप्टिमाइजेशन की दुनिया जटिल और हमेशा बदलती रहती है, लेकिन आप मूल बातें आसानी से समझ सकते हैं, और यहां तक कि एसईओ ज्ञान की थोड़ी सी मात्रा भी बड़ा बदलाव ला सकती है। इस तरह के गाइड सहित वेब पर मुफ्त एसईओ शिक्षा भी व्यापक रूप से उपलब्ध है! (वू हू!)

इस जानकारी को कुछ अभ्यास के साथ मिलाएं और आप एक जानकार SEO बनने की राह पर हैं।

खोज इंजन अनुकूलन की मूल बातें

मास्लो की जरूरतों के पदानुक्रम के बारे में कभी सुना है? यह मनोविज्ञान का एक सिद्धांत है जो अधिक उन्नत जरूरतों (जैसे सम्मान और सामाजिक संबंध) पर सबसे मौलिक मानवीय जरूरतों (जैसे हवा, पानी और शारीरिक सुरक्षा) को प्राथमिकता देता है। सिद्धांत यह है कि आप यह सुनिश्चित किए बिना शीर्ष पर आवश्यकताओं को प्राप्त नहीं कर सकते हैं कि पहले अधिक मूलभूत आवश्यकताओं को पूरा किया जाए। अगर आपके पास खाना नहीं है तो प्यार कोई मायने नहीं रखता।

हमारे संस्थापक, रैंड फिशकिन ने लोगों को एसईओ के बारे में कैसे जाना चाहिए, यह समझाने के लिए एक समान पिरामिड बनाया, और हमने इसे प्यार से " *मोज लो की एसईओ जरूरतों का पदानुक्रम*" करार दिया है।

यहाँ यह कैसा दिखता है:

जैसा कि आप देख सकते हैं, अच्छे SEO की नींव क्रॉल एक्सेसिबिलिटी सुनिश्चित करने के साथ शुरू होती है, और वहां से ऊपर जाती है।

इस शुरुआती मार्गदर्शिका का उपयोग करके, हम सफल SEO के लिए इन सात चरणों का पालन कर सकते हैं:

1. क्रॉल एक्सेसिबिलिटी ताकि इंजन आपकी वेबसाइट को पढ़ सकें
2. आकर्षक सामग्री जो खोजकर्ता की क्वेरी का उत्तर देती है
3. खोजकर्ताओं और इंजनों को आकर्षित करने के लिए अनुकूलित कीवर्ड
4. तेज़ लोड गति और आकर्षक UX सहित शानदार उपयोगकर्ता अनुभव
5. शेयर-योग्य सामग्री जो लिंक, उद्धरण और प्रवर्धन अर्जित करती है
6. रैंकिंग में उच्च CTR प्राप्त करने के लिए शीर्षक, URL और विवरण
7. SERPs में अलग दिखने के लिए स्निपेट/स्कीमा मार्क-अप

हम इस पूरे गाइड में इनमें से प्रत्येक क्षेत्र पर समय बिताएंगे, लेकिन हम इसे यहां पेश करना चाहते थे क्योंकि यह इस बात पर एक नज़र डालता है कि हमने पूरी गाइड को कैसे संरचित किया।

2
एसईओ का महत्व

एसईओ क्या है?

एसईओ से तात्पर्य सर्च इंजन ऑप्टिमाइज़ेशन है।" यह गैर-भुगतान (जिसे "ऑर्गेनिक" भी कहा जाता है) खोज इंजन परिणामों के माध्यम से वेबसाइट ट्रैफिक की गुणवत्ता और मात्रा, साथ ही साथ आपके ब्रांड के संपर्क में वृद्धि करने का अभ्यास है।

संक्षिप्त नाम के बावजूद, SEO लोगों के बारे में उतना ही है जितना कि यह स्वयं खोज इंजन के बारे में है। यह समझने के बारे में है कि लोग ऑनलाइन क्या खोज रहे हैं, वे जो उत्तर खोज रहे हैं, जो शब्द वे उपयोग कर रहे हैं, और जिस प्रकार की सामग्री का वे उपभोग करना चाहते हैं। इन सवालों के जवाब जानने से आप उन लोगों से जुड़ पाएंगे जो आपके द्वारा ऑफ़र किए जाने वाले समाधानों के लिए ऑनलाइन खोज कर रहे हैं।

यदि आपके दर्शकों के इरादे को जानना एसईओ सिक्के का एक पक्ष है, तो इसे एक तरह से वितरित करना खोज इंजन क्रॉलर ढूंढ और समझ सकता है। इस गाइड में, दोनों को कैसे करना है, यह सीखने की अपेक्षा करें।

उस शब्द का क्या अर्थ है?

यदि आप इस अध्याय की किसी भी परिभाषा से परेशान हैं, तो संदर्भ के लिए हमारी SEO शब्दावली खोलना सुनिश्चित करें!

SEO शब्दावली देखें

खोज इंजन मूल बातें

सर्च इंजन उत्तर देने वाली मशीन हैं। वे अरबों सामग्री को खंगालते हैं और यह निर्धारित करने के लिए हजारों कारकों का मूल्यांकन करते हैं कि कौन सी सामग्री आपके प्रश्न का उत्तर देने की सबसे अधिक संभावना है।

सर्च इंजन यह सब इंटरनेट पर उपलब्ध सभी सामग्री (वेब पेज, पीडीएफ, इमेज, वीडियो आदि) को "क्रॉलिंग और इंडेक्सिंग" नामक प्रक्रिया के माध्यम से खोज और सूचीबद्ध करके करते हैं और फिर यह आदेश देते हैं कि यह कितनी अच्छी तरह मेल खाता है। एक प्रक्रिया में क्वेरी जिसे हम "रैंकिंग" के रूप में संदर्भित करते हैं। हम अध्याय 2 में क्रॉलिंग, इंडेक्सिंग और रैंकिंग को अधिक विस्तार से कवर करेंगे।

कौन से खोज परिणाम "ऑर्गेनिक" हैं?

एसईओ के माध्यम से अर्जित किए जाते हैं, जिनके लिए भुगतान नहीं किया जाता है (अर्थात विज्ञापन नहीं)। इनका पता लगाना आसान हुआ करता था - विज्ञापनों को स्पष्ट रूप से इस तरह लेबल किया जाता था और शेष परिणाम आमतौर पर उनके नीचे सूचीबद्ध "10 ब्लू लिंक्स" के रूप में होते थे। लेकिन जिस तरह से खोज बदली है, आज हम ऑर्गेनिक परिणाम कैसे खोज सकते हैं?

आज, खोज इंजन परिणाम पृष्ठ - जिन्हें अक्सर "SERPs" कहा जाता है - पहले की तुलना में अधिक विज्ञापन और अधिक गतिशील ऑर्गेनिक परिणाम स्वरूपों (जिन्हें "SERP सुविधाएँ" कहा जाता है) से भरे हुए हैं। SERP सुविधाओं के कुछ उदाहरण फ़ीचर्ड स्निपेट्स (या उत्तर बॉक्स) , पीपल आस्क बॉक्स, इमेज कैरोसेल आदि हैं। नई SERP सुविधाएँ उभरती रहती हैं, जो बड़े पैमाने पर लोगों की तलाश से प्रेरित होती हैं।

उदाहरण के लिए, यदि आप "डेनवर मौसम" के लिए खोज करते हैं, तो आपको डेनवर शहर के लिए मौसम का पूर्वानुमान सीधे SERP में दिखाई देगा, न कि उस साइट के लिंक के बजाय जिसमें वह पूर्वानुमान हो सकता है। और, यदि आप "पिज्जा डेनवर" की खोज करते हैं, तो आपको डेनवर पिज़्ज़ा स्थानों से बना एक "स्थानीय पैक" परिणाम दिखाई देगा। सुविधाजनक, है ना?

यह याद रखना महत्वपूर्ण है कि खोज इंजन विज्ञापन से पैसा कमाते हैं। उनका लक्ष्य खोजकर्ताओं के प्रश्नों (एसईआरपी के भीतर) को बेहतर ढंग से हल करना, खोजकर्ताओं को वापस आना और उन्हें एसईआरपी पर अधिक समय तक रखना है।

Google पर कुछ SERP फ़ीचर ऑर्गेनिक हैं और SEO से प्रभावित हो सकते हैं। इनमें फ़ीचर्ड स्निपेट (एक प्रचारित ऑर्गेनिक परिणाम जो एक बॉक्स के अंदर एक उत्तर प्रदर्शित करता है) और संबंधित प्रश्न (उर्फ "पीपुल्स आस्क" बॉक्स) शामिल हैं।

यह ध्यान देने योग्य है कि कई अन्य खोज विशेषताएं हैं, भले ही वे भुगतान विज्ञापन नहीं हैं, आमतौर पर एसईओ से प्रभावित नहीं हो सकती हैं। इन सुविधाओं में अक्सर विकिपीडिया, वेबएमडी, और आईएमडीबी जैसे मालिकाना डेटा स्रोतों से प्राप्त डेटा होता है।

SEO क्यों जरूरी है

जबकि भुगतान किए गए विज्ञापन, सोशल मीडिया और अन्य ऑनलाइन प्लेटफ़ॉर्म वेबसाइटों पर ट्रैफ़िक उत्पन्न कर सकते हैं, अधिकांश ऑनलाइन ट्रैफ़िक खोज इंजन द्वारा संचालित होता है।

ऑर्गेनिक खोज परिणाम अधिक डिजिटल रियल एस्टेट को कवर करते हैं, जानकार खोजकर्ताओं को अधिक विश्वसनीय लगते हैं, और भुगतान किए गए विज्ञापनों की तुलना में अधिक क्लिक प्राप्त करते हैं। उदाहरण के लिए, <u>सभी अमेरिकी खोजों में से केवल ~2.8%</u> लोग सशुल्क विज्ञापनों पर क्लिक करते हैं।

संक्षेप में: <u>SEO के पास मोबाइल और डेस्कटॉप दोनों पर PPC की तुलना में ~20X अधिक ट्रैफ़िक अवसर है।</u>

SEO भी एकमात्र ऑनलाइन मार्केटिंग चैनलों में से एक है, जो सही तरीके से सेट होने पर समय के साथ लाभांश का भुगतान करना जारी रख सकता है। यदि आप एक ठोस सामग्री प्रदान करते हैं जो सही कीवर्ड के लिए रैंक के योग्य है, तो आपका ट्रैफ़िक समय के साथ स्नोबॉल कर सकता है, जबकि विज्ञापन को आपकी साइट पर ट्रैफ़िक भेजने के लिए निरंतर धन की आवश्यकता होती है।

सर्च इंजन स्मार्ट हो रहे हैं, लेकिन उन्हें अभी भी हमारी मदद की जरूरत है।

आपकी साइट को अनुकूलित करने से खोज इंजनों को बेहतर जानकारी देने में मदद मिलेगी ताकि आपकी सामग्री को ठीक से अनुक्रमित किया जा सके और खोज परिणामों में प्रदर्शित किया जा सके।

क्या मुझे एक *SEO* पेशेवर, सलाहकार या एजेंसी को नियुक्त करना चाहिए?

आपकी बैंडविड्थ, सीखने की इच्छा और आपकी वेबसाइट की जटिलता के आधार पर, आप स्वयं कुछ बुनियादी एसईओ कर सकते हैं। या, आपको पता चल सकता है कि आप किसी विशेषज्ञ की मदद लेना पसंद करेंगे। किसी भी तरह ठीक है!

यदि आप विशेषज्ञ सहायता की तलाश में हैं, तो यह जानना महत्वपूर्ण है कि कई एजेंसियां और सलाहकार "एसईओ सेवाएं प्रदान करते हैं", लेकिन गुणवत्ता में व्यापक रूप से भिन्न हो सकते हैं। <u>एक अच्छी SEO कंपनी चुनने का तरीका जानने से आपका</u> बहुत समय और पैसा बच सकता है, क्योंकि गलत SEO तकनीक वास्तव में आपकी साइट को आपकी मदद करने से ज्यादा नुकसान पहुंचा सकती है।

सफेद टोपी बनाम काली टोपी *SEO*

"व्हाइट हैट एसईओ" एसईओ तकनीकों, सर्वोत्तम प्रथाओं और रणनीतियों को संदर्भित करता है जो खोज इंजन नियम का पालन करते हैं, इसका प्राथमिक ध्यान लोगों को अधिक

मूल्य प्रदान करना है।

"ब्लैक हैट एसईओ" उन तकनीकों और रणनीतियों को संदर्भित करता है जो खोज इंजनों को स्पैम/मूर्ख बनाने का प्रयास करती हैं। जबकि ब्लैक हैट एसईओ काम कर सकता है, यह वेबसाइटों को दंडित और/या डी-इंडेक्स (खोज परिणामों से हटा दिया गया) के जबरदस्त जोखिम में डालता है और इसके नैतिक निहितार्थ हैं।

दंडित वेबसाइटों ने व्यवसायों को दिवालिया कर दिया है। SEO विशेषज्ञ या एजेंसी चुनते समय बहुत सावधानी बरतने का यह एक और कारण है।

खोज इंजन SEO उद्योग के साथ समान लक्ष्य साझा करते हैं

खोज इंजन आपको सफल होने में मदद करना चाहते हैं। वास्तव में, Google के पास एक सर्च इंजन ऑप्टिमाइजेशन स्टार्टर गाइड भी है, जो काफी हद तक बिगिनर्स गाइड की तरह है! वे SEO समुदाय के प्रयासों का भी काफी समर्थन करते हैं। डिजिटल मार्केटिंग सम्मेलन - जैसे अनबाउंस , एमएनसर्च , सर्च लव , और मोजेज का अपना मोजकॉन -प्रमुख खोज इंजनों के इंजीनियरों और प्रतिनिधियों को नियमित रूप से आकर्षित करता है।

Google वेबमास्टर्स और SEO को उनके वेबमास्टर सेंट्रल हेल्प फोरम के माध्यम से और लाइव ऑफिस आवर हैंगआउट होस्ट करके सहायता करता है। (बिंग, दुर्भाग्य से, 2014 में अपने वेबमास्टर फोरम को बंद कर दिया।)

जबकि वेबमास्टर दिशानिर्देश खोज इंजन से खोज इंजन में भिन्न होते हैं, अंतर्निहित सिद्धांत समान रहते हैं: खोज इंजनों को धोखा देने की कोशिश न करें। इसके बजाय, अपने आगंतुकों को एक बेहतरीन ऑनलाइन अनुभव प्रदान करें। ऐसा करने के लिए, खोज इंजन दिशानिर्देशों का पालन करें और उपयोगकर्ता के इरादे को पूरा करें।

गूगल वेबमास्टर दिशानिर्देश

बुनियादी सिद्धांत:

- पेज मुख्य रूप से यूजर्स के लिए बनाएं, सर्च इंजन के लिए नहीं।
- अपने उपयोगकर्ताओं को धोखा न दें।
- खोज इंजन रैंकिंग में सुधार करने के इरादे से तरकीबों से बचें। अंगूठे का एक अच्छा नियम यह है कि क्या आप किसी Google कर्मचारी को वेबसाइट के साथ किए गए कार्यों को समझाने में सहज महसूस करेंगे। एक अन्य उपयोगी परीक्षण यह पूछना है, "क्या यह मेरे उपयोगकर्ताओं की मदद करता है? यदि खोज इंजन मौजूद नहीं होते तो क्या मैं ऐसा करता?"

- इस बारे में सोचें कि कौन सी बात आपकी वेबसाइट को अद्वितीय, मूल्यवान या आकर्षक बनाती है।

बचने के लिए चीजें:

- स्वचालित रूप से उत्पन्न सामग्री
- लिंक योजनाओं में भाग लेना
- बहुत कम या बिना मूल सामग्री वाले पृष्ठ बनाना (अर्थात कहीं और से कॉपी किया गया)
- क्रॉलर को विज़िटर से भिन्न सामग्री दिखाने का अभ्यास ।
- छिपे हुए पाठ और लिंक
- डोरवे पेज — आपकी वेबसाइट पर ट्रैफ़िक फ़नल करने के लिए विशिष्ट खोजों के लिए अच्छी रैंक के लिए बनाए गए पृष्ठ।

Google के वेबमास्टर दिशानिर्देशों से परिचित होना अच्छा है। उन्हें जानने के लिए समय निकालें।

बिंग वेबमास्टर दिशानिर्देश

बुनियादी सिद्धांतः

- अपनी साइट पर स्पष्ट, गहरी, आकर्षक और खोजने में आसान सामग्री प्रदान करें।
- पृष्ठ शीर्षक स्पष्ट और प्रासंगिक रखें।
- लिंक को लोकप्रियता के संकेत के रूप में माना जाता है और बिंग पुरस्कार लिंक जो व्यवस्थित रूप से विकसित हुए हैं।
- सामाजिक प्रभाव और सामाजिक शेयर सकारात्मक संकेत हैं और लंबे समय में आप व्यवस्थित रूप से कैसे रैंक करते हैं, इस पर प्रभाव पड़ सकता है।
- सकारात्मक, उपयोगी उपयोगकर्ता अनुभव के साथ-साथ पृष्ठ गति महत्वपूर्ण है।
- छवियों का वर्णन करने के लिए ऑल्ट विशेषताओं का उपयोग करें, ताकि बिंग सामग्री को बेहतर ढंग से समझ सके।

बचने के लिए चीजें:

- पतली सामग्री, अधिकतर विज्ञापन दिखाने वाले पृष्ठ या संबद्ध लिंक, या जो अन्यथा आगंतुकों को अन्य साइटों पर पुनर्निर्देशित करते हैं, अच्छी रैंक नहीं देंगे।
- अपमानजनक लिंक रणनीति, जिसका उद्देश्य इनबाउंड लिंक की संख्या और प्रकृति को बढ़ाना है, जैसे लिंक खरीदना, लिंक योजनाओं में भाग लेना, डी-इंडेक्सिंग का कारण बन सकता है।

- सुनिश्चित करें कि स्वच्छ, संक्षिप्त, कीवर्ड-समावेशी URL संरचनाएं मौजूद हैं। डायनेमिक पैरामीटर आपके यूआरएल को गंदा कर सकते हैं और डुप्लीकेट सामग्री की समस्या पैदा कर सकते हैं.
- जब भी संभव हो अपने URL को वर्णनात्मक, संक्षिप्त, कीवर्ड समृद्ध बनाएं, और गैर-अक्षर वर्णों से बचें।
- जावास्क्रिप्ट / फ्लैश / सिल्वरलाइट में दफन लिंक ; इनमें से भी सामग्री रखें।
- डुप्लिकेट सामग्री
- कीवर्ड स्टफिंग
- क्रॉलर को विज़िटर से भिन्न सामग्री दिखाने का अभ्यास ।

Google पर अपने स्थानीय व्यवसाय का प्रतिनिधित्व करने के लिए दिशानिर्देश

यदि आप जिस व्यवसाय के लिए SEO कार्य करते हैं, वह स्थानीय रूप से संचालित होता है, या तो स्टोरफ्रंट से बाहर या ग्राहकों के स्थानों पर सेवा करने के लिए ड्राइव करता है, तो वह Google मेरा व्यवसाय प्रविष्टि के लिए योग्य हो जाता है। इन जैसे स्थानीय व्यवसायों के लिए, Google के पास दिशानिर्देश हैं जो यह नियंत्रित करते हैं कि इन सूचियों को बनाने और प्रबंधित करने में आपको क्या करना चाहिए और क्या नहीं करना चाहिए।

बुनियादी सिद्धांतः

- सुनिश्चित करें कि आप Google मेरा व्यवसाय अनुक्रमणिका में शामिल किए जाने के योग्य हैं; आपके पास एक भौतिक पता होना चाहिए, भले ही वह आपके घर का पता हो, और आपको ग्राहकों को आमने-सामने सेवा करनी चाहिए, या तो अपने स्थान पर (जैसे खुदरा स्टोर) या उनके (प्लम्बर की तरह)
- नाम, पता, फ़ोन नंबर, वेबसाइट का पता, व्यवसाय श्रेणियां, संचालन के घंटे और अन्य सुविधाओं सहित आपके स्थानीय व्यापार डेटा के सभी पहलुओं का ईमानदारी से और सटीक रूप से प्रतिनिधित्व करते हैं।

बचने के लिए चीजें

- उन संस्थाओं के लिए Google मेरा व्यवसाय लिस्टिंग का निर्माण जो योग्य नहीं हैं
- भौगोलिक या सेवा कीवर्ड के साथ अपने व्यवसाय के नाम को "भरने" या नकली पतों के लिए लिस्टिंग बनाने सहित आपकी किसी भी मुख्य व्यावसायिक जानकारी की गलत प्रस्तुति

- प्रामाणिक सड़क के पते के बजाय पीओ बॉक्स या आभासी कार्यालयों का उपयोग
- आपके व्यवसाय की नकली सकारात्मक समीक्षाओं या आपके प्रतिस्पर्धियों की नकली नकारात्मक समीक्षाओं के माध्यम से Google मेरा व्यवसाय सूची के समीक्षा भाग का दुरुपयोग
- महंगा, नौसिखिए गलतियाँ जो Google के दिशानिर्देशों के बारीक विवरण को पढ़ने में विफलता के कारण होती हैं

स्थानीय, राष्ट्रीय या अंतर्राष्ट्रीय एसईओ?

स्थानीय व्यवसाय अक्सर विशिष्ट लोकेल में उत्पादों या सेवाओं की खोज करने वाले संभावित ग्राहकों को पकड़ने के लिए "[सेवा] + [मेरे पास]" या "[सेवा] + [शहर]" जैसे स्थानीय-इरादे वाले कीवर्ड के लिए रैंक करना चाहते हैं। जो वे उन्हें प्रदान करते हैं। हालांकि, सभी व्यवसाय स्थानीय रूप से संचालित नहीं होते हैं। कई वेबसाइटें स्थान-आधारित व्यवसाय का प्रतिनिधित्व नहीं करती हैं, बल्कि राष्ट्रीय या अंतर्राष्ट्रीय स्तर पर दर्शकों को लक्षित करती हैं। अध्याय 4 में स्थानीय, राष्ट्रीय और अंतर्राष्ट्रीय एसईओ के विषय पर अधिक जानने के लिए तैयार रहें !

उपयोगकर्ता के इरादे को पूरा करना

इन दिशानिर्देशों का उल्लंघन करने के बजाय खोज इंजन को आपको उच्च रैंकिंग देने के प्रयास में, उपयोगकर्ता के इरादे को समझने और पूरा करने पर ध्यान केंद्रित करें। जब कोई व्यक्ति कुछ खोजता है, तो उसका वांछित परिणाम होता है। चाहे वह उत्तर हो, कॉन्सर्ट टिकट हो, या बिल्ली की तस्वीर हो, वह वांछित सामग्री उनका "उपयोगकर्ता इरादा" है।

यदि कोई व्यक्ति "बैंड" की खोज करता है, तो क्या उनका इरादा संगीत बैंड, शादी के बैंड, बैंड आरी, या कुछ और खोजने का है?

एक एसईओ के रूप में आपका काम उपयोगकर्ताओं को उनकी इच्छित सामग्री के साथ जल्दी से उस प्रारूप में प्रदान करना है जिसमें वे इसे चाहते हैं।

सामान्य उपयोगकर्ता आशय प्रकार:

सूचनात्मक: जानकारी के लिए खोज रहे हैं। उदाहरण: "फोटोग्राफी के लिए सबसे अच्छा लैपटॉप कौन सा है?"

नेविगेशनल: किसी विशिष्ट वेबसाइट की खोज करना। उदाहरण: "ऐप्पल"

लेन-देन संबंधी: कुछ खरीदने के लिए खोज करना। उदाहरण: "मैकबुक पेशेवरों पर अच्छे सौदे"

गुगल करके और वर्तमान SERP का मूल्यांकन करके उपयोगकर्ता के इरादे की एक झलक प्राप्त कर सकते हैं । उदाहरण के लिए, यदि कोई फ़ोटो हिंडोला है, तो इस बात की बहुत अधिक संभावना है कि लोग उस कीवर्ड को खोज रहे हैं और फ़ोटो खोज रहे हैं।

यह भी मूल्यांकन करें कि आपके शीर्ष-रैंकिंग प्रतियोगी कौन सी सामग्री प्रदान कर रहे हैं जो आप वर्तमान में नहीं कर रहे हैं। आप अपनी वेबसाइट पर 10X मूल्य कैसे प्रदान कर सकते हैं?

अपनी वेबसाइट पर प्रासंगिक, उच्च-गुणवत्ता वाली सामग्री प्रदान करने से आपको खोज परिणामों में उच्च रैंक प्राप्त करने में मदद मिलेगी, और इससे भी महत्वपूर्ण बात यह है कि यह आपके ऑनलाइन दर्शकों के साथ विश्वसनीयता और विश्वास स्थापित करेगा।

इससे पहले कि आप इनमें से कोई भी करें, आपको रणनीतिक एसईओ योजना को क्रियान्वित करने के लिए पहले अपनी वेबसाइट के लक्ष्यों को समझना होगा।

अपनी वेबसाइट/ग्राहक के लक्ष्यों को जानें

प्रत्येक वेबसाइट अलग होती है, इसलिए समय <u>निकाल कर किसी विशिष्ट साइट के व्यावसायिक लक्ष्यों को वास्तव में समझें</u>. यह न केवल आपको यह निर्धारित करने में मदद करेगा कि आपको SEO के किन क्षेत्रों पर ध्यान केंद्रित करना चाहिए, रूपांतरणों को कहाँ ट्रैक करना है, और बेंचमार्क कैसे सेट करना है, बल्कि यह आपको क्लाइंट, बॉस आदि के साथ SEO प्रोजेक्ट्स पर बातचीत करने के लिए टॉकिंग पॉइंट बनाने में भी मदद करेगा।

SEO निवेश पर प्रतिफल को मापने के लिए आपके KPI (प्रमुख प्रदर्शन संकेतक) क्या होंगे? अधिक सरलता से, आपके जैविक खोज प्रयासों की सफलता को मापने के लिए आपका बैरोमीटर क्या है? आप इसे प्रलेखित करना चाहेंगे, भले ही यह इतना आसान हो:

आरंभ करने के लिए यहां कुछ सामान्य KPI हैं:

- बिक्री
- डाउनलोड
- ईमेल साइनअप
- संपर्क फ़ॉर्म सबमिशन
- फोन कॉल्स

और यदि आपके व्यवसाय का कोई स्थानीय घटक है, तो आप अपनी Google मेरा व्यवसाय लिस्टिंग के लिए भी KPI निर्धारित करना चाहेंगे। इनमें शामिल हो सकते हैं:

- क्लिक-टू-कॉल
- क्लिक-टू-वेबसाइट
- क्लिक-फॉर-ड्राइविंग-दिशानिर्देश

आपने देखा होगा कि "रैंकिंग" और "ट्रैफ़िक" जैसी चीज़ें KPI की सूची में नहीं थीं, और यह जानबूझकर किया गया है।

"लेकिन एक मिनट रुको!" तुम कहो। "मैं यहां SEO के बारे में जानने आया था क्योंकि मैंने सुना है कि यह मुझे रैंक करने और ट्रैफ़िक प्राप्त करने में मदद कर सकता है, और आप मुझे बता रहे हैं कि वे महत्वपूर्ण लक्ष्य नहीं हैं?"

बिल्कुल भी नहीं! आपने सही सुना है। SEO आपकी वेबसाइट को खोज परिणामों में उच्च रैंक देने में मदद कर सकता है और फलस्वरूप आपकी वेबसाइट पर अधिक ट्रैफ़िक ला सकता है, बस रैंकिंग और ट्रैफ़िक अंत का एक साधन है। यदि कोई आपकी साइट पर क्लिक नहीं कर रहा है तो रैंकिंग में बहुत कम उपयोग होता है, और यदि वह ट्रैफ़िक एक बड़े व्यावसायिक उद्देश्य को पूरा नहीं कर रहा है तो आपके ट्रैफ़िक को बढ़ाने में बहुत कम उपयोग होता है।

उदाहरण के लिए, यदि आप एक लीड जनरेशन साइट चलाते हैं, तो क्या आप इसके बजाय :

- 1,000 मासिक आगंतुक और 3 लोग संपर्क फ़ॉर्म भरते हैं? या...
- 300 मासिक आगंतुक और 40 लोग संपर्क फ़ॉर्म भरते हैं?

यदि आप रूपांतरण के उद्देश्य से अपनी साइट पर ट्रैफ़िक लाने के लिए SEO का उपयोग कर रहे हैं, तो हम आशा करते हैं कि आप बाद वाले को चुनेंगे! SEO शुरू करने से पहले, सुनिश्चित करें कि आपने अपने व्यावसायिक लक्ष्य निर्धारित कर लिए हैं, फिर उन्हें पूरा करने में आपकी मदद करने के लिए SEO का उपयोग करें — इसके विपरीत नहीं।

वैनिटी मेट्रिक्स की तुलना में SEO बहुत अधिक हासिल करता है। जब अच्छी तरह से किया जाता है, तो यह वास्तविक व्यवसायों को उनकी सफलता के लिए वास्तविक लक्ष्यों को प्राप्त करने में मदद करता है।

3

सर्च इंजन कैसे काम करते हैं: क्रॉलिंग, इंडेक्सिंग और रैंकिंग

सर्च इंजन कैसे काम करते हैं?

सर्च इंजन के तीन प्राथमिक कार्य होते हैं:

1. क्रॉल: सामग्री के लिए इंटरनेट पर छानबीन करें, प्रत्येक URL के लिए कोड/सामग्री को देखें।
2. अनुक्रमणिका: क्रॉलिंग प्रक्रिया के दौरान मिली सामग्री को संग्रहीत और व्यवस्थित करें। एक बार जब कोई पृष्ठ अनुक्रमणिका में होता है, तो वह प्रासंगिक प्रश्नों के परिणामस्वरूप प्रदर्शित होने की दौड़ में होता है।
3. रैंक: सामग्री के टुकड़े प्रदान करें जो एक खोजकर्ता की क्वेरी का सबसे अच्छा उत्तर देगा, जिसका अर्थ है कि परिणाम सबसे प्रासंगिक से कम से कम प्रासंगिक द्वारा आदेशित किए जाते हैं।

सर्च इंजन क्रॉलिंग क्या है?

क्रॉलिंग एक खोज प्रक्रिया है जिसमें खोज इंजन नई और अद्यतन सामग्री खोजने के लिए रोबोट (क्रॉलर या स्पाइडर के रूप में जाना जाता है) की एक टीम भेजते हैं। सामग्री भिन्न हो सकती है - यह एक वेबपेज, एक छवि, एक वीडियो, एक पीडीएफ आदि हो सकती है - लेकिन प्रारूप की परवाह किए बिना, सामग्री लिंक द्वारा खोजी जाती है।

उस शब्द का क्या अर्थ है?

इस खंड की किसी भी परिभाषा से परेशानी हो रही है? हमारी एसईओ शब्दावली में आपको अप-टू-स्पीड रहने में मदद करने के लिए अध्याय-विशिष्ट परिभाषाएँ हैं।

Googlebot कुछ वेब पेजों को लाकर शुरू करता है, और फिर नए URL खोजने के लिए उन वेबपेजों के लिंक का अनुसरण करता है। लिंक के इस पथ के साथ कूदकर, क्रॉलर नई सामग्री ढूंढने में सक्षम होता है और इसे कैफीन नामक अपने इंडेक्स में जोड़ता है - खोजे गए यूआरएल का एक विशाल डेटाबेस - बाद में पुनर्प्राप्त किया जा सकता है जब कोई खोजकर्ता जानकारी मांग रहा है कि उस यूआरएल पर सामग्री एक है के लिए अच्छा मैच।

सर्च इंजन इंडेक्स क्या है?

खोज इंजन उन सूचनाओं को संसाधित और संग्रहीत करते हैं जो उन्हें एक अनुक्रमणिका में मिलती हैं, जो उनके द्वारा खोजी गई सभी सामग्री का एक विशाल डेटाबेस है और खोजकर्ताओं की सेवा करने के लिए पर्याप्त है।

सर्च इंजन रैंकिंग

जब कोई खोज करता है, तो खोज इंजन अत्यधिक प्रासंगिक सामग्री के लिए उनकी अनुक्रमणिका को परिमार्जन करते हैं और फिर खोजकर्ता की क्वेरी को हल करने की उम्मीद में उस सामग्री को ऑर्डर करते हैं। प्रासंगिकता के आधार पर खोज परिणामों के इस क्रम को रैंकिंग के रूप में जाना जाता है। सामान्य तौर पर, आप यह मान सकते हैं कि किसी वेबसाइट की रैंक जितनी अधिक होगी, खोज इंजन उतना ही प्रासंगिक होगा कि साइट क्वेरी के लिए है।

आपकी साइट के किसी हिस्से या पूरी साइट से खोज इंजन क्रॉलर को अवरोधित करना संभव है , या खोज इंजनों को उनकी अनुक्रमणिका में कुछ पृष्ठों को संग्रहीत करने से बचने का निर्देश देना संभव है। हालांकि ऐसा करने के कई कारण हो सकते हैं, यदि आप चाहते हैं कि आपकी सामग्री खोजकर्ताओं को मिले, तो आपको पहले यह सुनिश्चित करना होगा कि यह क्रॉलर के लिए सुलभ है और अनुक्रमित है । अन्यथा, यह उतना ही अच्छा है जितना कि अदृश्य।

इस अध्याय के अंत तक, आपके पास वह संदर्भ होगा जिसकी आपको खोज इंजन के साथ काम करने की आवश्यकता है, न कि इसके विपरीत!

SEO में सभी सर्च इंजन समान नहीं होते हैं

कई शुरुआती लोग विशेष खोज इंजन के सापेक्ष महत्व के बारे में आश्चर्य करते हैं। अधिकांश लोग जानते हैं कि Google का बाजार में सबसे बड़ा हिस्सा है, लेकिन बिंग, याहू और अन्य के लिए अनुकूलन करना कितना महत्वपूर्ण है? सच्चाई यह है कि 30 से अधिक प्रमुख वेब सर्च इंजनों के अस्तित्व के बावजूद , SEO समुदाय वास्तव में केवल Google पर ही ध्यान देता है। क्यों? संक्षिप्त उत्तर यह है कि Google वह जगह है जहाँ अधिकांश लोग वेब पर खोज करते हैं। यदि हम Google छवियाँ, Google मानचित्र और YouTube (एक Google संपत्ति) शामिल करते हैं, तो 90% से अधिक वेब खोजें Google पर होती हैं - यह बिंग और Yahoo को मिलाकर लगभग 20 गुना है।

क्रॉलिंग: क्या सर्च इंजन आपके पेज ढूंढ सकते हैं?

जैसा कि आपने अभी सीखा है, यह सुनिश्चित करना कि आपकी साइट क्रॉल और अनुक्रमित हो, SERPs में प्रदर्शित होने के लिए एक पूर्वापेक्षा है। यदि आपके पास पहले से ही एक वेबसाइट है, तो यह देखकर शुरू करना एक अच्छा विचार हो सकता है कि आपके कितने पृष्ठ अनुक्रमणिका में हैं। इससे इस बारे में कुछ अच्छी जानकारी मिलेगी कि क्या Google उन सभी पृष्ठों को क्रॉल कर रहा है और ढूंढ़ रहा है जिन पर आप इसे चाहते हैं, और कोई नहीं जो आप नहीं चाहते हैं।

अपने अनुक्रमित पृष्ठों की जांच करने का एक तरीका "साइट :yourdomain.com " है, जो एक उन्नत खोज ऑपरेटर है । Google पर जाएं और सर्च बार में "site :yourdomain.com " टाइप करें। यह निर्दिष्ट साइट के लिए Google की अनुक्रमणिका में परिणाम लौटाएगा:

Google द्वारा प्रदर्शित किए जाने वाले परिणामों की संख्या (ऊपर "एक्सएक्स परिणामों के बारे में" देखें) सटीक नहीं है, लेकिन यह आपको एक ठोस विचार देता है कि आपकी साइट पर कौन से पृष्ठ अनुक्रमित हैं और वे वर्तमान में खोज परिणामों में कैसे दिखाई दे रहे हैं।

अधिक सटीक परिणामों के लिए, Google खोज कंसोल में अनुक्रमणिका कवरेज रिपोर्ट की निगरानी करें और उसका उपयोग करें। यदि आपके पास वर्तमान में एक नहीं है तो आप एक निःशुल्क Google खोज कंसोल खाते के लिए साइन अप कर सकते हैं। इस टूल से, आप अपनी साइट के लिए साइटमैप सबमिट कर सकते हैं और निगरानी कर सकते हैं कि कितने सबमिट किए गए पेज वास्तव में Google के इंडेक्स में जोड़े गए हैं, अन्य बातों के अलावा।

यदि आप खोज परिणामों में कहीं भी दिखाई नहीं दे रहे हैं, तो इसके कुछ संभावित कारण हैं:

- आपकी साइट बिल्कुल नई है और अभी तक क्रॉल नहीं की गई है।
- आपकी साइट किसी बाहरी वेबसाइट से लिंक नहीं है।
- आपकी साइट का नेविगेशन रोबोट के लिए इसे प्रभावी ढंग से क्रॉल करना कठिन बना देता है।
- आपकी साइट में क्रॉलर निर्देश नामक कुछ बुनियादी कोड हैं जो खोज इंजनों को अवरुद्ध कर रहे हैं।
- स्पैमयुक्त युक्तियों के लिए दंडित किया गया है ।

सर्च इंजन को बताएं कि अपनी साइट को कैसे क्रॉल करें

यदि आपने Google खोज कंसोल या "site:domain.com" उन्नत खोज ऑपरेटर का उपयोग किया है और पाया है कि आपके कुछ महत्वपूर्ण पृष्ठ अनुक्रमणिका से गायब हैं और/या आपके कुछ महत्वहीन पृष्ठों को गलती से अनुक्रमित कर दिया गया है, तो कुछ अनुकूलन हैं जिन्हें आप कर सकते हैं Googlebot को बेहतर ढंग से निर्देशित करने के लिए लागू करें कि आप अपनी वेब सामग्री को कैसे क्रॉल करना चाहते हैं। खोज इंजनों को यह बताना कि आपकी साइट को कैसे क्रॉल किया जाए, इससे आपको इस बात का बेहतर नियंत्रण मिल सकता है कि अनुक्रमणिका में क्या समाप्त होता है।

अधिकांश लोग यह सुनिश्चित करने के बारे में सोचते हैं कि Google उनके महत्वपूर्ण पृष्ठ ढूंढ सकता है, लेकिन यह भूलना आसान है कि ऐसे संभावित पृष्ठ हैं जो आप नहीं चाहते कि Googlebot ढूंढे । इनमें पतली सामग्री वाले पुराने यूआरएल, डुप्लीकेट यूआरएल (जैसे ई-कॉमर्स के लिए सॉर्ट-एंड-फ़िल्टर पैरामीटर), विशेष प्रोमो कोड पेज, स्टेजिंग या टेस्ट पेज आदि जैसी चीज़ें शामिल हो सकती हैं।

Googlebot को अपनी साइट के कुछ पृष्ठों और अनुभागों से दूर करने के लिए, robots.txt का उपयोग करें।

रोबोट्स.txt

Robots.txt फ़ाइलें वेबसाइटों की मूल निर्देशिका में स्थित होती हैं (उदा. yourdomain.com/robots.txt) और यह सुझाव देती हैं कि आपकी साइट के खोज इंजनों के किन हिस्सों को क्रॉल करना चाहिए और क्या नहीं, साथ ही जिस गति से वे आपकी साइट को क्रॉल करते हैं , विशिष्ट robots.txt निर्देशों के माध्यम से ।

Googlebot , robots.txt फ़ाइलों के साथ कैसा व्यवहार करता है

- अगर Googlebot को किसी साइट के लिए robots.txt फ़ाइल नहीं मिलती है, तो वह साइट को क्रॉल करने के लिए आगे बढ़ता है।
- अगर Googlebot को किसी साइट के लिए robots.txt फ़ाइल मिलती है, तो वह आमतौर पर सुझावों का पालन करेगा और साइट को क्रॉल करने के लिए आगे बढ़ेगा।
- यदि Googlebot को किसी साइट की robots.txt फ़ाइल तक पहुँचने का प्रयास करते समय त्रुटि का सामना करना पड़ता है और यह निर्धारित नहीं कर सकता है कि कोई मौजूद है या नहीं, तो यह साइट को क्रॉल नहीं करेगा।

क्रॉल बजट के लिए ऑप्टिमाइज़ करें!

क्रॉल बजट URL की औसत संख्या है जो Googlebot आपकी साइट पर जाने से पहले क्रॉल करेगा, इसलिए क्रॉल बजट अनुकूलन सुनिश्चित करता है कि Googlebot आपके महत्वपूर्ण पृष्ठों को अनदेखा करने के जोखिम में आपके महत्वहीन पृष्ठों को क्रॉल करने में समय बर्बाद नहीं कर रहा है। हज़ारों URL वाली बहुत बड़ी साइटों पर क्रॉल बजट सबसे महत्वपूर्ण है, लेकिन क्रॉलर को उस सामग्री तक पहुँचने से रोकना कभी भी एक बुरा विचार नहीं है, जिसकी आप निश्चित रूप से परवाह नहीं करते हैं। बस सुनिश्चित करें कि क्रॉलर की उन पृष्ठों तक पहुंच को अवरुद्ध न करें जिन पर आपने अन्य निर्देश जोड़े हैं, जैसे कि कैनोनिकल या नोइंडेक्स टैग। अगर Googlebot को किसी पेज से ब्लॉक किया गया है, तो वह उस पेज पर दिए गए निर्देशों को नहीं देख पाएगा.

सभी वेब रोबोट robots.txt का अनुसरण नहीं करते हैं। बुरे इरादे वाले लोग (जैसे, ई-मेल एड्रेस स्क्रेपर्स) ऐसे बॉट बनाते हैं जो इस प्रोटोकॉल का पालन नहीं करते हैं। वास्तव में, कुछ बुरे अभिनेता robots.txt फ़ाइलों का उपयोग यह पता लगाने के लिए करते हैं कि आपने अपनी निजी सामग्री कहाँ स्थित की है। यद्यपि क्रॉलर को लॉगिन और व्यवस्थापन पृष्ठों जैसे निजी पृष्ठों से ब्लॉक करना तर्कसंगत लग सकता है ताकि वे अनुक्रमणिका में दिखाई न दें, उन URL के स्थान को सार्वजनिक रूप से सुलभ robots.txt फ़ाइल में रखने का अर्थ यह भी है कि दुर्भावनापूर्ण इरादे वाले लोग उन्हें और आसानी से ढूंढ सकते हैं। इन पृष्ठों को NoIndex करना और उन्हें अपनी robots.txt फ़ाइल में रखने के बजाय उन्हें एक लॉगिन फ़ॉर्म के पीछे रखना बेहतर है।

केंद्र के robots.txt भाग में इसके बारे में अधिक विवरण पढ़ सकते हैं।

जीएससी में यूआरएल पैरामीटर को परिभाषित करना

कुछ साइटें (ई-कॉमर्स के साथ सबसे आम) यूआरएल में कुछ पैरामीटर जोड़कर एक ही सामग्री को कई अलग-अलग यूआरएल पर उपलब्ध कराती हैं। यदि आपने कभी ऑनलाइन

खरीदारी की है, तो संभवतः आपने फ़िल्टर के माध्यम से अपनी खोज को सीमित कर दिया है। उदाहरण के लिए, आप अमेज़न पर "जूते" खोज सकते हैं, और फिर आकार, रंग और शैली के आधार पर अपनी खोज को परिष्कृत कर सकते हैं। हर बार जब आप परिशोधित करते हैं, तो URL थोड़ा बदल जाता है:

https://www.example.com/products/women/dresses/
green.htmhttps://www.example.com/products/
women?category=dresses&color=greenhttps://example.com/
shopindex.php?product_id=
32&हाइलाइट=हरा+पोशाक&cat_id=1&sessionid=123$affid=43

Google को कैसे पता चलता है कि खोजकर्ताओं को URL का कौन सा संस्करण प्रस्तुत करना है? Google स्वयं प्रतिनिधि URL का पता लगाने में बहुत अच्छा काम करता है, लेकिन आप Google खोज कंसोल में URL पैरामीटर सुविधा का उपयोग करके Google को बता सकते हैं कि आप उन्हें अपने पृष्ठों के साथ कैसा व्यवहार करना चाहते हैं। यदि आप इस सुविधा का उपयोग Googlebot को "____ पैरामीटर के साथ कोई URL क्रॉल नहीं करने" को बताने के लिए करते हैं, तो आप अनिवार्य रूप से इस सामग्री को Googlebot से छिपाने के लिए कह रहे हैं, जिसके परिणामस्वरूप उन पृष्ठों को खोज परिणामों से निकाला जा सकता है। आप यही चाहते हैं यदि वे पैरामीटर डुप्लिकेट पृष्ठ बनाते हैं, लेकिन आदर्श नहीं यदि आप चाहते हैं कि वे पृष्ठ अनुक्रमित हों।

क्या क्रॉलर आपकी सभी महत्वपूर्ण सामग्री ढूंढ सकते हैं?

अब जबकि आप खोज इंजन क्रॉलर को आपकी महत्वहीन सामग्री से दूर रखना सुनिश्चित करने के लिए कुछ तरकीबें जानते हैं, तो आइए उन अनुकूलन के बारे में जानें जो Googlebot को आपके महत्वपूर्ण पृष्ठ खोजने में मदद कर सकते हैं।

कभी-कभी कोई खोज इंजन क्रॉल करके आपकी साइट के कुछ हिस्सों को ढूंढ पाएगा, लेकिन अन्य पृष्ठ या अनुभाग किसी न किसी कारण से अस्पष्ट हो सकते हैं। यह सुनिश्चित करना महत्वपूर्ण है कि खोज इंजन वह सभी सामग्री खोजने में सक्षम हैं जिसे आप अनुक्रमित करना चाहते हैं, न कि केवल आपका मुखपृष्ठ।

क्या आपकी सामग्री लॉगिन फ़ॉर्म के पीछे छिपी हुई है?

यदि आप चाहते हैं कि उपयोगकर्ता लॉग इन करें, फ़ॉर्म भरें, या कुछ सामग्री तक पहुँचने से पहले सर्वेक्षणों का उत्तर दें, तो खोज इंजन उन संरक्षित पृष्ठों को नहीं देख पाएंगे। एक क्रॉलर निश्चित रूप से लॉग इन नहीं करने वाला है।

क्या आप खोज प्रपत्रों पर निर्भर हैं?

रोबोट खोज प्रपत्रों का उपयोग नहीं कर सकते हैं। कुछ व्यक्तियों का मानना है कि यदि वे अपनी साइट पर एक खोज बॉक्स रखते हैं, तो खोज इंजन वह सब कुछ खोजने में सक्षम

होंगे जो उनके आगंतुक खोजते हैं।

क्या पाठ गैर-पाठ्य सामग्री में छिपा हुआ है?

गैर-पाठ मीडिया प्रपत्र (छवियां, वीडियो, GIF, आदि) का उपयोग उस पाठ को प्रदर्शित करने के लिए नहीं किया जाना चाहिए जिसे आप अनुक्रमित करना चाहते हैं। जबकि खोज इंजन छवियों को पहचानने में बेहतर हो रहे हैं, इस बात की कोई गारंटी नहीं है कि वे इसे अभी पढ़ और समझ पाएंगे। अपने वेबपेज के <HTML> मार्कअप में टेक्स्ट जोड़ना हमेशा सबसे अच्छा होता है।

क्या खोज इंजन आपकी साइट के नेविगेशन का अनुसरण कर सकते हैं?

पृष्ठ से दूसरे पृष्ठ पर मार्गदर्शन करने के लिए लिंक के पथ की आवश्यकता होती है। यदि आपके पास एक ऐसा पृष्ठ है जिसे आप खोज इंजन खोजना चाहते हैं, लेकिन यह किसी अन्य पृष्ठ से लिंक नहीं है, तो यह उतना ही अच्छा है जितना कि अदृश्य। कई साइटें अपने नेविगेशन को ऐसे तरीकों से संरचित करने की गंभीर गलती करती हैं जो खोज इंजन के लिए दुर्गम हैं, जिससे खोज परिणामों में सूचीबद्ध होने की उनकी क्षमता में बाधा आती है।

सामान्य नेविगेशन गलतियाँ जो क्रॉलर को आपकी पूरी साइट देखने से रोक सकती हैं:

- ऐसा मोबाइल नेविगेशन होना जो आपके डेस्कटॉप नेविगेशन से भिन्न परिणाम दिखाता हो

- किसी भी प्रकार का नेविगेशन जहां मेनू आइटम HTML में नहीं हैं, जैसे कि जावास्क्रिप्ट-सक्षम नेविगेशन। Google, Javascript को क्रॉल करने और समझने में बहुत बेहतर हो गया है, लेकिन यह <u>अभी भी एक संपूर्ण प्रक्रिया नहीं है</u>। यह सुनिश्चित करने का अधिक निश्चित तरीका है कि Google द्वारा कुछ पाया, समझा और अनुक्रमित किया जाए, इसे HTML में डालकर।

- वैयक्तिकरण, या विशिष्ट प्रकार के विज़िटर बनाम अन्य के लिए अद्वितीय नेविगेशन दिखाना, किसी खोज इंजन क्रॉलर के लिए क्लोकिंग प्रतीत हो सकता है

- अपने नेविगेशन के माध्यम से अपनी वेबसाइट पर एक प्राथमिक पृष्ठ से लिंक करना भूल जाना - याद रखें, लिंक वे पथ हैं जिनका क्रॉलर नए पृष्ठों पर अनुसरण करते हैं!

यही कारण है कि यह आवश्यक है कि आपकी वेबसाइट में एक स्पष्ट नेविगेशन और सहायक URL फ़ोल्डर संरचनाएं हों।

क्या आपके पास स्वच्छ सूचना वास्तुकला है?

खोज क्षमता में सुधार के लिए वेबसाइट पर सामग्री को व्यवस्थित और लेबल करने का अभ्यास है। सर्वोत्तम सूचना संरचना सहज ज्ञान युक्त है, जिसका अर्थ है कि उपयोगकर्ताओं को आपकी वेबसाइट के माध्यम से प्रवाह करने या कुछ खोजने के लिए बहुत कठिन नहीं

सोचना चाहिए।

क्या आप साइटमैप का उपयोग कर रहे हैं?

साइटमैप बिल्कुल वैसा ही है जैसा यह लगता है: आपकी साइट पर URL की एक सूची जिसका उपयोग क्रॉलर आपकी सामग्री को खोजने और अनुक्रमित करने के लिए कर सकते हैं। यह सुनिश्चित करने का सबसे आसान तरीका है कि Google आपके सर्वोच्च प्राथमिकता वाले पृष्ठों को ढूंढ रहा है, एक ऐसी फ़ाइल बनाना जो Google के मानकों को पूरा करती हो और इसे Google खोज कंसोल के माध्यम से सबमिट करें। साइटमैप सबमिट करते समय अच्छे साइट नेविगेशन की आवश्यकता को प्रतिस्थापित नहीं करता है, यह निश्चित रूप से क्रॉलर को आपके सभी महत्वपूर्ण पृष्ठों के पथ का अनुसरण करने में मदद कर सकता है।

सुनिश्चित करें कि आपने केवल उन्हीं URL को शामिल किया है जिन्हें आप खोज इंजन द्वारा अनुक्रमित करना चाहते हैं, और क्रॉलर को सुसंगत दिशा-निर्देश देना सुनिश्चित करें। उदाहरण के लिए, अपने साइटमैप में एक URL शामिल न करें यदि आपने उस URL को robots.txt के माध्यम से ब्लॉक किया है या अपने साइटमैप में ऐसे URL शामिल करें जो पसंदीदा, विहित संस्करण के बजाय डुप्लिकेट हैं ।

यदि आपकी साइट से लिंक करने वाली कोई अन्य साइट नहीं है, तो भी आप Google खोज कंसोल में अपना XML साइटमैप सबमिट करके इसे अनुक्रमित करने में सक्षम हो सकते हैं। इस बात की कोई गारंटी नहीं है कि वे अपनी अनुक्रमणिका में एक सबमिट किया गया URL शामिल करेंगे, लेकिन यह एक कोशिश के काबिल है!

क्या क्रॉलर आपके URL तक पहुँचने का प्रयास करते समय त्रुटियाँ प्राप्त कर रहे हैं?

क्रॉल करने की प्रक्रिया में , क्रॉलर को त्रुटियां आ सकती हैं। आप उन URL का पता लगाने के लिए Google खोज कंसोल की "क्रॉल त्रुटियाँ" रिपोर्ट पर जा सकते हैं जिन पर यह हो रहा है - यह रिपोर्ट आपको सर्वर त्रुटियाँ दिखाएगी और त्रुटियाँ नहीं मिलीं। सर्वर लॉग फ़ाइलें आपको यह भी दिखा सकती हैं, साथ ही क्रॉल आवृत्ति जैसी अन्य जानकारी का खजाना भी दिखा सकती हैं, लेकिन क्योंकि सर्वर लॉग फ़ाइलों तक पहुंच और विदारक एक अधिक उन्नत रणनीति है, इसलिए हम शुरुआती मार्गदर्शिका में इसकी विस्तार से चर्चा नहीं करेंगे, हालांकि आप इसके बारे में यहां और जान सकते हैं । इससे पहले कि आप क्रॉल त्रुटि रिपोर्ट के साथ सार्थक कुछ कर सकें, सर्वर त्रुटियों और "नहीं मिला" त्रुटियों को समझना महत्वपूर्ण है।

4xx कोड: जब क्लाइंट त्रुटि के कारण सर्च इंजन क्रॉलर आपकी सामग्री तक नहीं पहुंच पाते हैं

4xx त्रुटियां क्लाइंट त्रुटियां हैं, जिसका अर्थ है कि अनुरोधित URL में खराब सिंटैक्स है या इसे पूरा नहीं किया जा सकता है। सबसे आम 4xx त्रुटियों में से एक "404 - नहीं मिली" त्रुटि है। ये URL टाइपो, हटाए गए पृष्ठ, या टूटे हुए रीडायरेक्ट के कारण हो सकते हैं, बस कुछ उदाहरणों के नाम पर। जब सर्च इंजन 404 पर पहुंच जाता है, तो वे यूआरएल तक नहीं पहुंच पाते हैं। जब उपयोगकर्ता 404 पर हिट करते हैं, तो वे निराश हो सकते हैं और छोड़ सकते हैं।

5xx कोड: जब सर्वर त्रुटि के कारण सर्च इंजन क्रॉलर आपकी सामग्री तक नहीं पहुंच पाते हैं

5xx त्रुटियां सर्वर त्रुटियां हैं, जिसका अर्थ है कि वेब पेज जिस सर्वर पर स्थित है वह खोजकर्ता या खोज इंजन के पृष्ठ तक पहुंचने के अनुरोध को पूरा करने में विफल रहा है। Google खोज कंसोल की "क्रॉल त्रुटि" रिपोर्ट में, इन त्रुटियों के लिए समर्पित एक टैब है। ऐसा आमतौर पर इसलिए होता है क्योंकि URL के लिए अनुरोध का समय समाप्त हो गया, इसलिए Googlebot ने अनुरोध छोड़ दिया। सर्वर कनेक्टिविटी समस्याओं को ठीक करने के बारे में अधिक जानने के लिए <u>Google के दस्तावेज</u> देखें। शुक्र है, खोजकर्ताओं और खोज इंजन दोनों को यह बताने का एक तरीका है कि आपका पृष्ठ स्थानांतरित हो गया है - 301 (स्थायी) रीडायरेक्ट।

कस्टम 404 पेज बनाएं!

अपनी साइट पर महत्वपूर्ण पृष्ठों के लिंक, साइट खोज सुविधा और यहां तक कि संपर्क जानकारी जोड़कर अपने 404 पृष्ठ को अनुकूलित करें। इससे इस बात की संभावना कम हो जाएगी कि 404 पर आने पर विज़िटर आपकी साइट को बाउंस कर देंगे।

मान लें कि आप किसी पृष्ठ को example.com/young-dogs/ से example.com/puppies/ पर ले जाते हैं। खोज इंजन और उपयोगकर्ताओं को पुराने URL से नए URL तक जाने के लिए एक सेतु की आवश्यकता होती है। वह ब्रिज 301 रीडायरेक्ट है।

301 स्थिति कोड का ही अर्थ है कि पृष्ठ स्थायी रूप से एक नए स्थान पर चला गया है, इसलिए URL को अप्रासंगिक पृष्ठों पर पुनर्निर्देशित करने से बचें - वे URL जहां पुराने URL की सामग्री वास्तव में नहीं रहती है। यदि कोई पृष्ठ किसी क्वेरी के लिए रैंकिंग कर रहा है और आप इसे विभिन्न सामग्री वाले URL पर 301 करते हैं, तो यह रैंक स्थिति में गिर सकता है क्योंकि जिस सामग्री ने इसे उस विशेष क्वेरी के लिए प्रासंगिक बनाया है वह अब नहीं है। 301 शक्तिशाली हैं — URL को जिम्मेदारी से स्थानांतरित करें!

आपके पास एक पृष्ठ को 302 पुनर्निर्देशित करने का विकल्प भी है, लेकिन यह अस्थायी चालों के लिए आरक्षित होना चाहिए और ऐसे मामलों में जहां लिंक इक्विटी पास करना एक चिंता का विषय नहीं है। 302s एक तरह से एक सड़क चक्कर की तरह हैं। आप एक निश्चित मार्ग से अस्थायी रूप से ट्रैफ़िक का गबन कर रहे हैं, लेकिन यह हमेशा के लिए ऐसा नहीं रहेगा।

पुनर्निर्देशित श्रृंखलाओं से सावधान रहें!

Googlebot के लिए आपके पृष्ठ तक पहुंचना मुश्किल हो सकता है यदि उसे कई रीडायरेक्ट से गुजरना पड़े। Google इन "रीडायरेक्ट चेन" को कॉल करता है और वे उन्हें यथासंभव सीमित करने की सलाह देते हैं। यदि आप example.com/1 को example.com/2 पर पुनर्निर्देशित करते हैं, फिर बाद में इसे example.com/3 पर पुनर्निर्देशित करने का निर्णय लेते हैं, तो बिचौलिए को खत्म करना और बस example.com/1 को example.com/3 पर पुनर्निर्देशित करना सबसे अच्छा है।

<u>पुनर्निर्देशित श्रृंखलाओं के बारे में अधिक जानें</u>

एक बार जब आप यह सुनिश्चित कर लेते हैं कि आपकी साइट क्रॉलेबिलिटी के लिए अनुकूलित है , तो व्यवसाय का अगला क्रम यह सुनिश्चित करना है कि इसे अनुक्रमित किया जा सकता है।

अनुक्रमण: खोज इंजन आपके पृष्ठों की व्याख्या और संग्रह कैसे करते हैं?

एक बार जब आप सुनिश्चित कर लें कि आपकी साइट क्रॉल हो गई है, तो व्यवसाय का अगला क्रम यह सुनिश्चित करना है कि इसे अनुक्रमित किया जा सकता है। यह सही है — सिर्फ इसलिए कि आपकी साइट को खोज इंजन द्वारा खोजा और क्रॉल किया जा सकता है, इसका मतलब यह नहीं है कि इसे उनकी अनुक्रमणिका में संग्रहीत किया जाएगा। क्रॉलिंग पर पिछले खंड में, हमने चर्चा की थी कि खोज इंजन आपके वेब पेजों को कैसे खोजते हैं। अनुक्रमणिका वह जगह है जहाँ आपके खोजे गए पृष्ठ संग्रहीत होते हैं। क्रॉलर द्वारा एक पृष्ठ खोजने के बाद, खोज इंजन इसे ब्राउज़र की तरह ही प्रस्तुत करता है। ऐसा करने की प्रक्रिया में, खोज इंजन उस पृष्ठ की सामग्री का विश्लेषण करता है। वह सारी जानकारी उसके सूचकांक में संग्रहीत है।

क्या मैं देख सकता हूँ कि एक Googlebot क्रॉलर मेरे पृष्ठों को कैसे देखता है?

हां, आपके पृष्ठ का कैश्ड संस्करण Googlebot द्वारा पिछली बार क्रॉल किए जाने के समय का एक स्नैपशॉट प्रदर्शित करेगा।

Google अलग-अलग आवृत्तियों पर वेब पेजों को क्रॉल और कैश करता है। अधिक स्थापित, प्रसिद्ध साइटें जो अक्सर https://www.nytimes.com की तरह पोस्ट करती हैं, उन्हें रोजर द मोज़बॉट की ओर से बहुत कम-प्रसिद्ध वेबसाइट की तुलना में अधिक बार क्रॉल किया जाएगा , http://www.rogerlovescupcakes.com (अगर यह केवल वास्तविक थे ...)

आप SERP में URL के आगे ड्रॉप-डाउन तीर पर क्लिक करके और "कैश्ड" चुनकर देख सकते हैं कि किसी पृष्ठ का आपका कैश्ड संस्करण कैसा दिखता है:

4

खोजशब्द अनुसंधान

अब जब आपने खोज परिणामों में दिखाना सीख लिया है, तो आइए निर्धारित करें कि आपकी वेबसाइट की सामग्री में कौन-से रणनीतिक कीवर्ड लक्षित करने हैं, और उपयोगकर्ताओं और खोज इंजन दोनों को संतुष्ट करने के लिए उस सामग्री को कैसे तैयार किया जाए। खोजशब्द अनुसंधान की शक्ति आपके लक्षित बाजार को बेहतर ढंग से समझने में निहित है और वे आपकी सामग्री, सेवाओं या उत्पादों की खोज कैसे कर रहे हैं। खोजशब्द अनुसंधान आपको विशिष्ट खोज डेटा प्रदान करता है जो आपको प्रश्नों के उत्तर देने में मदद कर सकता है जैसे:

- लोग क्या खोज रहे हैं?
- कितने लोग इसे खोज रहे हैं?
- वे किस प्रारूप में वह जानकारी चाहते हैं?

इस अध्याय में, आपको उस जानकारी को उजागर करने के लिए उपकरण और रणनीतियाँ मिलेंगी, साथ ही ऐसी रणनीतियाँ भी मिलेंगी जो आपको खोजशब्द अनुसंधान से बचने और मजबूत सामग्री बनाने में मदद करेंगी। एक बार जब आप यह उजागर कर लेते हैं कि आपके लक्षित दर्शक आपकी सामग्री की खोज कैसे कर रहे हैं, तो आप रणनीतिक एसईओ की एक पूरी नई दुनिया को उजागर करना शुरू कर देते हैं!

खोजशब्द अनुसंधान से पहले, प्रश्न पूछें

इससे पहले कि आप किसी व्यवसाय को खोज इंजन अनुकूलन के माध्यम से बढ़ने में मदद कर सकें, आपको सबसे पहले यह समझना होगा कि वे कौन हैं, उनके ग्राहक कौन हैं, और उनके लक्ष्य क्या हैं।

यह वह जगह है जहाँ अक्सर कोने काटे जाते हैं। बहुत से लोग इस महत्वपूर्ण योजना चरण को दरकिनार कर देते हैं क्योंकि खोजशब्द अनुसंधान में समय लगता है, और जब आप पहले से ही जानते हैं कि आप किसके लिए रैंक करना चाहते हैं तो समय क्यों व्यतीत करें?

इसका उत्तर यह है कि आप किसके लिए रैंक करना चाहते हैं और आपके दर्शक वास्तव में क्या चाहते हैं, अक्सर दो अलग-अलग चीजें होती हैं। अपने दर्शकों पर ध्यान केंद्रित करना और फिर उन जानकारियों को बेहतर बनाने के लिए कीवर्ड डेटा का उपयोग करना मनमाने कीवर्ड पर ध्यान केंद्रित करने की तुलना में अधिक सफल अभियान बना देगा।

यहाँ एक उदाहरण है। फ्रेंकी एंड जो (एक सिएटल स्थित शाकाहारी, ग्लूटेन-मुक्त आइसक्रीम की दुकान) ने एसईओ के बारे में सुना है और यह सुधारने में मदद चाहता है कि वे जैविक खोज परिणामों में कितनी बार और कितनी बार दिखाई देते हैं। उनकी मदद करने के लिए, आपको पहले उनके ग्राहकों के बारे में थोड़ा और समझना होगा। ऐसा करने के लिए, आप इस तरह के प्रश्न पूछ सकते हैं:

- लोग किस प्रकार की आइसक्रीम, डेसर्ट, स्नैक्स आदि खोज रहे हैं?
- इन शर्तों को कौन खोज रहा है?
- लोग आइसक्रीम, स्नैक्स, डेसर्ट आदि की खोज कब कर रहे हैं?

  ◦ क्या साल भर मौसमी रुझान होते हैं?

- लोग आइसक्रीम की खोज कैसे कर रहे हैं?

  ◦ वे किन शब्दों का प्रयोग करते हैं?
  ◦ वे क्या प्रश्न पूछते हैं?
  ◦ क्या मोबाइल उपकरणों पर अधिक खोजें की जाती हैं?

- लोग आइसक्रीम क्यों मांग रहे हैं?

  ◦ क्या व्यक्ति विशेष रूप से स्वास्थ्य के प्रति जागरूक आइसक्रीम की तलाश में हैं या सिर्फ एक मीठे दांत को संतुष्ट करना चाहते हैं?

- संभावित ग्राहक कहाँ स्थित हैं — स्थानीय, राष्ट्रीय या अंतरराष्ट्रीय स्तर पर?

और अंत में - यहां किकर है - आप एक समुदाय को विकसित करने के लिए आइसक्रीम के बारे में सर्वोत्तम सामग्री प्रदान करने में कैसे मदद कर सकते हैं और उन सभी लोगों को जो

खोज रहे हैं उसे पूरा करने में कैसे मदद कर सकते हैं? इन प्रश्नों को पूछना एक महत्वपूर्ण नियोजन कदम है जो आपके खोजशब्द अनुसंधान का मार्गदर्शन करेगा और आपको बेहतर सामग्री तैयार करने में मदद करेगा।

उस शब्द का क्या अर्थ है?

याद रखें, यदि आप इस अध्याय में इस्तेमाल किए गए किसी भी शब्द से स्तब्ध हैं, तो हमारी SEO शब्दावली यहाँ मदद के लिए है!

लोग किन शब्दों की खोज कर रहे हैं?

आप जो करते हैं उसका वर्णन करने का आपके पास एक तरीका हो सकता है, लेकिन आपके दर्शक आपके द्वारा प्रदान किए जाने वाले उत्पाद, सेवा या जानकारी की खोज कैसे करते हैं? इस प्रश्न का उत्तर खोजशब्द अनुसंधान प्रक्रिया में एक महत्वपूर्ण पहला कदम है।

खोजशब्दों की खोज

आपके दिमाग में कुछ कीवर्ड होने की संभावना है, जिसके लिए आप रैंक करना चाहते हैं। ये आपके उत्पादों, सेवाओं, या अन्य विषयों जैसी चीजें होंगी जो आपकी वेबसाइट के पते हैं, और वे आपके शोध के लिए महान बीज कीवर्ड हैं, इसलिए वहां से शुरू करें! औसत मासिक खोज मात्रा और इसी तरह के कीवर्ड खोजने के लिए आप उन कीवर्ड को <u>कीवर्ड रिसर्च टूल में दर्ज कर सकते हैं।</u> हम अगले खंड में खोज मात्रा में अधिक गहराई में जाएंगे, लेकिन खोज चरण के दौरान, यह निर्धारित करने में आपकी सहायता कर सकता है कि खोजकर्ताओं के बीच आपके खोजशब्दों की कौन-सी विविधताएं सर्वाधिक लोकप्रिय हैं।

एक बार जब आप अपने बीज खोजशब्दों को एक खोजशब्द अनुसंधान उपकरण में दर्ज करते हैं, तो आप अपनी सामग्री के लिए अन्य खोजशब्दों, सामान्य प्रश्नों और विषयों की खोज करना शुरू कर देंगे, जिन्हें आप अन्यथा चूक गए होंगे।

आइए एक फूलवाले के उदाहरण का उपयोग करें जो शादियों में माहिर है।

खोजशब्द अनुसंधान उपकरण में "शादी" और "फूलवाला" टाइप करने पर, आप संबंधित शब्दों के लिए अत्यधिक प्रासंगिक, अत्यधिक खोजे गए शब्दों की खोज कर सकते हैं जैसे:

- शादी के गुलदस्ते
- दुल्हन के फूल
- शादी के फूल की दुकान

अपनी सामग्री के लिए प्रासंगिक खोजशब्दों की खोज की प्रक्रिया में, आप देखेंगे कि उन खोजशब्दों की खोज मात्रा बहुत भिन्न होती है। जबकि आप निश्चित रूप से उन शब्दों को लक्षित करना चाहते हैं जिन्हें आपके दर्शक खोज रहे हैं, कुछ मामलों में, कम खोज मात्रा वाले शब्दों को लक्षित करना अधिक फायदेमंद हो सकता है क्योंकि वे बहुत कम प्रतिस्पर्धी हैं।

चूंकि उच्च और निम्न-प्रतिस्पर्धा वाले दोनों कीवर्ड आपकी वेबसाइट के लिए फायदेमंद हो सकते हैं, इसलिए खोज मात्रा के बारे में अधिक जानने से आपको कीवर्ड को प्राथमिकता देने और उन कीवर्ड को चुनने में मदद मिल सकती है जो आपकी वेबसाइट को सबसे बड़ा रणनीतिक लाभ देंगे।

हमारे पास इसके लिए एक टूल है

Moz के पास एक निःशुल्क टूल है जो कीवर्ड खोजने और उनका विश्लेषण करने में आपकी सहायता कर सकता है। जब आप खोजशब्द अनुसंधान से अपने हाथों को गंदा करने के लिए तैयार हों, तो इसे आजमाएँ!

विविधता लाना!

यह ध्यान रखना महत्वपूर्ण है कि पूरी वेबसाइटें कीवर्ड के लिए रैंक नहीं करती हैं - पेज करते हैं। बड़े ब्रांडों के साथ, हम अक्सर कई खोजशब्दों के लिए मुखपृष्ठ रैंकिंग देखते हैं, लेकिन अधिकांश वेबसाइटों के लिए आमतौर पर ऐसा नहीं होता है। कई वेबसाइटें मुखपृष्ठ के अलावा अन्य पृष्ठों पर अधिक ऑर्गेनिक ट्रैफ़िक प्राप्त करती हैं, यही कारण है कि विशिष्ट रूप से मूल्यवान कीवर्ड के लिए प्रत्येक को अनुकूलित करके अपनी वेबसाइट के पृष्ठों में विविधता लाना बहुत महत्वपूर्ण है।

उन शब्दों को कितनी बार खोजा जाता है?

खोज मात्रा को उजागर करना

किसी दिए गए कीवर्ड या कीवर्ड वाक्यांश के लिए खोज मात्रा जितनी अधिक होगी, उच्च रैंकिंग प्राप्त करने के लिए आमतौर पर उतना ही अधिक काम करने की आवश्यकता होती है। इसे अक्सर कीवर्ड कठिनाई के रूप में संदर्भित किया जाता है और कभी-कभी SERP सुविधाओं को शामिल करता है; उदाहरण के लिए, यदि कई SERP विशेषताएँ (जैसे फ़ीचर्ड स्निपेट, नॉलेज ग्राफ़, हिंडोला, आदि) किसी कीवर्ड के परिणाम पृष्ठ को बंद कर रही हैं, तो कठिनाई बढ़ जाएगी। बड़े ब्रांड अक्सर उच्च-मात्रा वाले कीवर्ड के लिए शीर्ष 10 परिणाम प्राप्त करते हैं, इसलिए यदि आप अभी वेब पर शुरुआत कर रहे हैं और उन्हीं कीवर्ड का अनुसरण कर रहे हैं, तो रैंकिंग के लिए कठिन लड़ाई में वर्षों लग सकते हैं।

आमतौर पर, खोज मात्रा जितनी अधिक होती है, उतनी ही अधिक प्रतिस्पर्धा और जैविक रैंकिंग सफलता प्राप्त करने के लिए आवश्यक प्रयास। हालांकि, बहुत नीचे जाएं, और आप अपनी साइट पर किसी भी खोजकर्ता को आकर्षित नहीं करने का जोखिम उठाते हैं। कई मामलों में, अत्यधिक विशिष्ट, कम प्रतिस्पर्धा वाले खोज शब्दों को लक्षित करना सबसे अधिक लाभप्रद हो सकता है। SEO में हम उन long-tail keywords को कहते हैं।

लंबी पूंछ को समझना

कीवर्ड "जूते" के लिए # 1 रैंक करना बहुत अच्छा होगा ... या होगा?

उन खोजशब्दों से निपटना अद्भुत है जिनकी एक महीने में 50,000 खोजें होती हैं, या यहां तक कि 5,000 खोज भी एक महीने में होती हैं, लेकिन वास्तव में, ये लोकप्रिय खोज शब्द वेब पर की गई सभी खोजों का केवल एक अंश बनाते हैं। वास्तव में, बहुत अधिक खोज मात्रा वाले खोजशब्द अस्पष्ट आशय का संकेत भी दे सकते हैं, जो, यदि आप इन शब्दों को लक्षित करते हैं, तो यह आपको आपकी साइट पर आने वाले आगंतुकों को आकर्षित करने के लिए जोखिम में डाल सकता है, जिनके लक्ष्य आपके पृष्ठ द्वारा प्रदान की जाने वाली सामग्री से मेल नहीं खाते हैं।

इन कम लोकप्रिय खोजशब्दों को कम मत समझो। कम खोज मात्रा वाले लंबी पूंछ वाले कीवर्ड अक्सर बेहतर रूपांतरित होते हैं, क्योंकि खोजकर्ता अपनी खोजों में अधिक विशिष्ट और जानबूझकर होते हैं। उदाहरण के लिए, "जूते" की खोज करने वाला व्यक्ति शायद केवल ब्राउज़ कर रहा है। दूसरी ओर, "सर्वोत्तम मूल्य लाल महिला आकार 7 चलने वाले जूते " की खोज करने वाला कोई व्यक्ति व्यावहारिक रूप से अपना बटुआ निकाल चुका है!

प्रश्न *SEO* गोल्ड हैं!

यह पता लगाना कि लोग आपके स्थान पर क्या प्रश्न पूछ रहे हैं — और उन प्रश्नों और उनके उत्तरों को अक्सर पूछे जाने वाले प्रश्न पृष्ठ में जोड़ना — आपकी वेबसाइट के लिए अविश्वसनीय ऑर्गेनिक ट्रैफ़िक प्राप्त कर सकता है।

<u>खोज की लंबी पूंछ को लक्षित करने के तरीके के बारे में और जानें</u>

खोज मात्रा के साथ रणनीतिक प्राप्त करना

अब जबकि आपने अपनी साइट और उनकी संबंधित खोज मात्रा के लिए प्रासंगिक खोज शब्द खोज लिए हैं, तो आप अपने प्रतिस्पर्धियों को देखकर और पता लगा सकते हैं कि मौसम या स्थान के आधार पर खोजें कैसे भिन्न हो सकती हैं।

प्रतियोगी द्वारा कीवर्ड

आप बहुत सारे खोजशब्दों को संकलित करने की संभावना रखते हैं। आप कैसे जानते हैं कि पहले किससे निपटना है? उच्च-मात्रा वाले कीवर्ड को प्राथमिकता देना एक अच्छा विचार हो सकता है, जिसके लिए आपके प्रतियोगी वर्तमान में रैंकिंग नहीं कर रहे हैं। दूसरी तरफ, आप यह भी देख सकते हैं कि आपकी सूची में से कौन से कीवर्ड आपके प्रतिस्पर्धियों के लिए पहले से ही रैंकिंग कर रहे हैं और उन्हें प्राथमिकता दें। जब आप अपने प्रतिस्पर्धियों के छूटे हुए अवसरों का लाभ उठाना चाहते हैं तो पहला बहुत अच्छा है, जबकि बाद वाला एक आक्रामक रणनीति है जो आपको उन खोजशब्दों के लिए प्रतिस्पर्धा करने के लिए तैयार करता है जिनके लिए आपके प्रतियोगी पहले से ही अच्छा प्रदर्शन कर रहे हैं।

मौसम के अनुसार कीवर्ड

सामग्री रणनीति निर्धारित करने में मौसमी रुझानों के बारे में जानना फायदेमंद हो सकता है। उदाहरण के लिए, यदि आप जानते हैं कि यूनाइटेड किंगडम में " क्रिसमस बॉक्स" अक्टूबर से दिसंबर तक बढ़ना शुरू हो जाता है , तो आप महीनों पहले से सामग्री तैयार कर सकते हैं और उन महीनों के आसपास इसे एक बड़ा धक्का दे सकते हैं।

क्षेत्र के अनुसार कीवर्ड

Google कीवर्ड प्लानर में अपने कीवर्ड शोध को विशिष्ट कस्बों, काउंटी या राज्यों तक सीमित करके किसी विशिष्ट स्थान को अधिक रणनीतिक रूप से लक्षित कर सकते हैं, या Google रुझान में " उपक्षेत्र द्वारा रुचि" का मूल्यांकन कर सकते हैं । भू-विशिष्ट शोध आपकी सामग्री को आपके लक्षित दर्शकों के लिए अधिक प्रासंगिक बनाने में मदद कर सकता है। उदाहरण के लिए, आपको पता चल सकता है कि टेक्सास में, एक बड़े ट्रक के लिए पसंदीदा शब्द "बिग रिग" है, जबकि न्यूयॉर्क में, "ट्रैक्टर ट्रेलर" पसंदीदा शब्दावली है।

कौन सा प्रारूप खोजकर्ता के इरादे के लिए सबसे उपयुक्त है?

अध्याय 2 में, हमने SERP विशेषताओं के बारे में सीखा। वह पृष्ठभूमि हमें यह समझने में मदद करेगी कि खोजकर्ता किसी विशेष कीवर्ड के लिए जानकारी का उपभोग कैसे करना चाहते हैं। Google जिस प्रारूप में खोज परिणाम प्रदर्शित करना चुनता है वह इरादे पर निर्भर करता है, और प्रत्येक क्वेरी का एक अनूठा होता है। Google अपने गुणवत्ता रेटिंग दिशानिर्देशों में इन इरादों का वर्णन या तो "जानता है" (जानकारी ढूंढता है), "करता है" (एक लक्ष्य पूरा करता है), "वेबसाइट" (एक विशिष्ट वेबसाइट ढूंढें), या "विजिट-इन-पर्सन"

(किसी स्थानीय व्यक्ति पर जाएं) के रूप में करता है। व्यापार)।

जबकि हजारों संभावित खोज प्रकार हैं, आइए आशय की पांच प्रमुख श्रेणियों पर करीब से नज़र डालें:

1.सूचनात्मक प्रश्न: खोजकर्ता को जानकारी की आवश्यकता होती है, जैसे कि एक बैंड का नाम या एम्पायर स्टेट बिल्डिंग की ऊंचाई।

2. नौवहन संबंधी प्रश्न: खोजकर्ता इंटरनेट पर किसी विशेष स्थान पर जाना चाहता है, जैसे कि फेसबुक या एनएफएल का मुखपृष्ठ।

3. लेन-देन संबंधी प्रश्न: खोजकर्ता कुछ करना चाहता है, जैसे हवाई जहाज का टिकट खरीदना या गाना सुनना।

4. वाणिज्यिक जांच: खोजकर्ता उत्पादों की तुलना करना चाहता है और उनकी विशिष्ट आवश्यकताओं के लिए सबसे अच्छा उत्पाद खोजना चाहता है।

5. स्थानीय प्रश्न: खोजकर्ता स्थानीय रूप से कुछ खोजना चाहता है, जैसे कि पास की कॉफी शॉप, डॉक्टर, या संगीत स्थल।

खोजशब्द अनुसंधान प्रक्रिया में एक महत्वपूर्ण कदम खोजशब्द के लिए SERP परिदृश्य का सर्वेक्षण करना है जिसे आप खोजकर्ता के इरादे का बेहतर गेज प्राप्त करने के लिए लक्षित करना चाहते हैं। यदि आप जानना चाहते हैं कि आपके लक्षित दर्शक किस प्रकार की सामग्री चाहते हैं, तो SERPs को देखें!

प्रत्येक विशिष्ट खोजशब्द खोज के लिए सबसे वांछित सामग्री प्रदान करने के प्रयास में खरबों खोजों के व्यवहार का बारीकी से मूल्यांकन किया है ।

उदाहरण के लिए खोज "कपड़े" लें:

शॉपिंग हिंडोला से, आप यह अनुमान लगा सकते हैं कि Google ने कई लोगों को निर्धारित किया है जो "ड्रेस" की खोज करते हैं, वे ऑनलाइन कपड़े खरीदना चाहते हैं।

इस खोजशब्द के लिए एक स्थानीय पैक सुविधा भी है, जो स्थानीय पोशाक खुदरा विक्रेताओं की तलाश कर रहे खोजकर्ताओं की मदद करने की Google की इच्छा को दर्शाती है।

यदि क्वेरी अस्पष्ट है, तो खोजकर्ताओं को यह निर्दिष्ट करने में सहायता करने के लिए कि वे आगे क्या खोज रहे हैं, Google कभी-कभी "इससे परिष्कृत करें" सुविधा भी शामिल करेगा। ऐसा करने से, खोज इंजन ऐसे परिणाम प्रदान कर सकता है जो खोजकर्ता को अपना कार्य पूरा करने में बेहतर मदद करते हैं।

Google के पास क्वेरी के आधार पर परिणाम प्रकारों की एक विस्तृत श्रृंखला है, इसलिए यदि आप किसी कीवर्ड को लक्षित करने जा रहे हैं, तो यह समझने के लिए SERP देखें कि आपको किस प्रकार की सामग्री बनाने की आवश्यकता है।

कीवर्ड का मूल्य निर्धारित करने के लिए उपकरण

एक कीवर्ड आपकी वेबसाइट पर कितना मूल्य जोड़ेगा? ये उपकरण आपको उस प्रश्न का उत्तर देने में मदद कर सकते हैं, इसलिए वे आपके खोजशब्द अनुसंधान शस्त्रागार में बहुत बढ़िया जोड़ देंगे:

- Keyword Explorer में एक कीवर्ड इनपुट करें और मासिक सर्च वॉल्यूम और SERP फीचर्स (जैसे स्थानीय पैक या फीचर्ड स्निपेट) जैसी जानकारी प्राप्त करें जो उस शब्द के लिए रैंकिंग कर रहे हैं। टूल लाइव क्लिकस्ट्रीम डेटा का उपयोग करके सटीक खोज मात्रा डेटा निकालता है। हम अपना कीवर्ड डेटा कैसे तैयार कर रहे हैं, इस बारे में अधिक जानने के लिए, <u>कीवर्ड एक्सप्लोरर की घोषणा करना देखें</u> ।

  - **बक्शीश!** कीवर्ड एक्सप्लोरर का "कठिनाई" स्कोर आपको अपने कीवर्ड विकल्पों को उन वाक्यांशों तक सीमित करने में भी मदद कर सकता है जिनके लिए आपके पास रैंकिंग में सबसे अच्छा शॉट है। किसी कीवर्ड का स्कोर जितना अधिक होगा, उस पद के लिए रैंक करना उतना ही कठिन होगा। <u>कीवर्ड कठिनाई के बारे में अधिक जानकारी</u> .

- <u>Google कीवर्ड प्लानर</u> - Google का AdWords कीवर्ड प्लानर ऐतिहासिक रूप से SEO कीवर्ड अनुसंधान के लिए सबसे सामान्य प्रारंभिक बिंदु रहा है। हालांकि, कीवर्ड प्लानर कीवर्ड को एक साथ बड़े सर्च वॉल्यूम रेंज बकेट में लंप करके सर्च वॉल्यूम डेटा को प्रतिबंधित करता है। अधिक जानने के लिए, <u>Google कीवर्ड प्लानर के डर्टी सीक्रेट्स देखें</u> ।

- <u>Google रुझान</u> - मौसमी कीवर्ड उतार-चढ़ाव खोजने के लिए Google का कीवर्ड ट्रेंड टूल बहुत अच्छा है। उदाहरण के लिए, हैलोवीन से पहले के हफ्तों में "मजेदार हेलोवीन पोशाक विचार" चरम पर होंगे।

- <u>उत्तर सार्वजनिक</u> - यह निःशुल्क टूल किसी विशिष्ट कीवर्ड के बारे में सामान्यतः खोजे गए प्रश्नों को पॉप्युलेट करता है। बक्शीश! खोज मात्रा के आधार पर एटीपी के सुझावों को प्राथमिकता देने के लिए आप इस टूल का उपयोग एक अन्य निःशुल्क टूल, <u>कीवर्ड एवरीवेयर के साथ कर सकते हैं</u>।

- <u>SpyFu कीवर्ड रिसर्च टूल</u> - वास्तव में कुछ साफ-सुथरे प्रतिस्पर्धी कीवर्ड डेटा प्रदान करता है।

5

ऑन-पेज एसईओ

अपने खोजशब्द अनुसंधान को लागू करना

1. अपने खोजशब्दों का सर्वेक्षण करें और समान विषयों और आशय वाले खोजशब्दों को समूहित करें। प्रत्येक खोजशब्द विविधता के लिए अलग-अलग पृष्ठ बनाने के बजाय वे समूह आपके पृष्ठ होंगे।

2. यदि आपने पहले से ऐसा नहीं किया है, तो यह निर्धारित करने के लिए कि आपकी सामग्री किस प्रकार और प्रारूप में होनी चाहिए, प्रत्येक कीवर्ड या कीवर्ड के समूह के लिए SERP का मूल्यांकन करें। ध्यान देने योग्य पृष्ठों की रैंकिंग की कुछ विशेषताएं:

   1. क्या वे छवि- या वीडियो-भारी हैं ?
   2. क्या सामग्री लंबी या संक्षिप्त और संक्षिप्त है?
   3. क्या सामग्री सूचियों, बुलेट या अनुच्छेदों में स्वरूपित है?

3. अपने आप से पूछें, "मैं अपने पेज को उन पेजों से बेहतर बनाने के लिए क्या अद्वितीय मूल्य प्रदान कर सकता हूं जो वर्तमान में मेरे कीवर्ड के लिए रैंकिंग कर रहे हैं?"

ऑन-पेज एसईओ आपको अपने शोध को उस सामग्री में बदलने की अनुमति देता है जिसे आपके दर्शक पसंद करेंगे। बस सुनिश्चित करें कि कम-मूल्य वाली रणनीति के जाल में गिरने से बचें जो मदद से ज्यादा चोट पहुंचा सकती है!

उस शब्द का क्या अर्थ है?

कुछ स्टंपर्स होने के लिए बाध्य हैं - हमारे एसईओ शब्दावली के साथ अज्ञात शर्तों के लिए तैयार रहें!

बचने के लिए कम-मूल्य की रणनीति

आपकी वेब सामग्री खोजकर्ताओं के प्रश्नों का उत्तर देने, उन्हें आपकी साइट के माध्यम से मार्गदर्शन करने और आपकी साइट के उद्देश्य को समझने में उनकी सहायता करने के लिए मौजूद होनी चाहिए। केवल खोज में उच्च रैंकिंग के उद्देश्य से सामग्री नहीं बनाई जानी चाहिए। रैंकिंग अंत का एक साधन है, खोजकर्ताओं की मदद करने के लिए अंत है। अगर हम गाड़ी को घोड़े के आगे रखते हैं, तो हम कम मूल्य वाली सामग्री रणनीति के जाल में पड़ने का जोखिम उठाते हैं।

पतली सामग्री

हालांकि एक वेबसाइट के लिए अलग-अलग विषयों पर अद्वितीय पृष्ठ होना आम बात है, एक पुरानी सामग्री रणनीति उन अत्यधिक विशिष्ट प्रश्नों के लिए पृष्ठ 1 पर रैंक करने के लिए आपके कीवर्ड के प्रत्येक एकल पुनरावृत्ति के लिए एक पृष्ठ बनाना था।

उदाहरण के लिए, यदि आप दुल्हन के कपड़े बेच रहे थे, तो हो सकता है कि आपने दुल्हन के गाउन, दुल्हन के कपड़े, शादी के गाउन और शादी के कपड़े के लिए अलग-अलग पृष्ठ बनाए हों, भले ही प्रत्येक पृष्ठ अनिवार्य रूप से एक ही बात कह रहा हो। स्थानीय व्यवसायों के लिए एक समान रणनीति प्रत्येक शहर या क्षेत्र के लिए सामग्री के कई पृष्ठ बनाना था, जहां से वे ग्राहक चाहते थे। इन "भौगोलिक पृष्ठों" में अक्सर समान या बहुत समान सामग्री होती है, जिसमें स्थान का नाम ही एकमात्र अद्वितीय कारक होता है।

इस तरह की रणनीति स्पष्ट रूप से उपयोगकर्ताओं के लिए मददगार नहीं थी, तो प्रकाशकों ने ऐसा क्यों किया? Google हमेशा शब्दों और वाक्यांशों (या शब्दार्थ) के बीच संबंधों को समझने में उतना अच्छा नहीं था जितना आज है। इसलिए, यदि आप "दुल्हन के गाउन" के लिए पृष्ठ 1 पर रैंक करना चाहते थे, लेकिन आपके पास केवल "शादी के कपड़े" पर एक पृष्ठ था, जिसने इसे काटा नहीं होगा।

इस अभ्यास ने पूरे वेब पर ढेर सारी पतली, निम्न-गुणवत्ता वाली सामग्री तैयार की, जिसे Google ने विशेष रूप से अपने 2011 के अपडेट के साथ संबोधित किया जिसे <u>पांडा के नाम से जाना जाता है</u>। यह एल्गोरिथम निम्न-गुणवत्ता वाले पृष्ठों को दंडित करता है, जिसके परिणामस्वरूप अधिक गुणवत्ता वाले पृष्ठ SERPs के शीर्ष स्थान लेते हैं। Google आज भी निम्न-गुणवत्ता वाली सामग्री को अवनत करने और उच्च-गुणवत्ता वाली सामग्री को बढ़ावा देने की इस प्रक्रिया को दोहराता रहता है।

Google स्पष्ट है कि आपके पास किसी कीवर्ड की प्रत्येक विविधता के लिए एक से अधिक, कमजोर पृष्ठों के बजाय किसी विषय पर एक व्यापक पृष्ठ होना चाहिए।

डुप्लिकेट सामग्री

जैसा लगता है, " डुप्लिकेट सामग्री " उस सामग्री को संदर्भित करता है जिसे डोमेन के बीच या एक डोमेन के एकाधिक पृष्ठों के बीच साझा किया जाता है। "स्क्रैप्ड" सामग्री एक कदम आगे जाती है, और अन्य साइटों से सामग्री के खुले और अनधिकृत उपयोग पर जोर देती है। इसमें किसी भी मूल सामग्री या मूल्य को जोड़े बिना सामग्री लेना और यथावत पुनर्प्रकाशित करना, या पुनर्प्रकाशन से पहले इसे थोड़ा संशोधित करना शामिल हो सकता है।

आंतरिक या क्रॉस-डोमेन डुप्लिकेट सामग्री के बहुत सारे वैध कारण हैं, इसलिए Google वेब सामग्री के मूल संस्करण को इंगित करने के लिए rel =canonical टैग के उपयोग को प्रोत्साहित करता है। जबकि आपको अभी इस टैग के बारे में जानने की आवश्यकता नहीं है, अभी के लिए ध्यान देने वाली मुख्य बात यह है कि आपकी सामग्री शब्द और मूल्य में अद्वितीय होनी चाहिए।

"डुप्लिकेट कंटेंट पेनल्टी" मिथक को खारिज करना

डुप्लिकेट सामग्री के लिए कोई Google दंड नहीं है। उदाहरण के लिए, उदाहरण के लिए, यदि आप एसोसिएटेड प्रेस से कोई लेख लेते हैं और उसे अपने ब्लॉग पर पोस्ट करते हैं, तो आपको Google की ओर से मैन्युअल कार्रवाई जैसी किसी चीज़ से दंडित नहीं किया जाएगा। हालाँकि, Google अपने खोज परिणामों से सामग्री के डुप्लिकेट संस्करणों को फ़िल्टर करता है। यदि सामग्री के दो या अधिक भाग काफी हद तक समान हैं, तो Google अपने खोज परिणामों में प्रदर्शित करने और डुप्लिकेट संस्करणों को छिपाने के लिए एक प्रामाणिक (स्रोत) URL का चयन करेगा। यह कोई दंड नहीं है। खोजकर्ता के अनुभव को बेहतर बनाने के लिए सामग्री के एक टुकड़े का केवल एक संस्करण दिखाने के लिए Google फ़िल्टरिंग है।

क्लोकिंग

खोज इंजन दिशानिर्देशों का एक मूल सिद्धांत इंजन के क्रॉलर को वही सामग्री दिखाना है जो आप एक मानव आगंतुक को दिखाएंगे। इसका मतलब है कि आपको अपनी वेबसाइट के HTML कोड में ऐसा टेक्स्ट कभी नहीं छिपाना चाहिए जिसे एक सामान्य आगंतुक नहीं देख सकता।

जब यह दिशानिर्देश टूट जाता है, तो खोज इंजन इसे "क्लोकिंग" कहते हैं और इन पृष्ठों को खोज परिणामों में रैंकिंग से रोकने के लिए कार्रवाई करते हैं। क्लोकिंग को कई तरीकों से और कई कारणों से, सकारात्मक और नकारात्मक दोनों तरह से पूरा किया जा सकता है। नीचे एक उदाहरण का उदाहरण दिया गया है जहां Spotify ने Google की तुलना में उपयोगकर्ताओं को अलग सामग्री दिखाई।

राष्ट्रीय फिलहारमोनिक ऑर्केस्ट्रा की खोज करते समय उपयोगकर्ताओं को Spotify में एक लॉगिन स्क्रीन के साथ प्रस्तुत किया गया था । Google के पृष्ठ के कैश्ड संस्करण को देखने से खोज इंजन को प्रदान की गई Spotify सामग्री दिखाई देती है। कुछ मामलों में, Google तकनीकी रूप से क्लोकिंग प्रथाओं को पारित होने दे सकता है क्योंकि वे सकारात्मक उपयोगकर्ता अनुभव में योगदान करते हैं। छिपी हुई सामग्री के विषय पर और Google इसे कैसे संभालता है, इस विषय पर अधिक जानकारी के लिए, हमारा व्हाइटबोर्ड शुक्रवार को देखें, जिसका शीर्षक है कि <u>Google कैसे CSS + Javascript "हिडन" टेक्स्ट को हैंडल करता है?</u>

कीवर्ड स्टफिंग

यदि आपसे कभी कहा गया है, "आपको इस पृष्ठ पर X बार {क्रिटिकल कीवर्ड} शामिल करने की आवश्यकता है," तो आपने कार्रवाई में कीवर्ड के उपयोग पर भ्रम देखा है। बहुत से लोग गलती से सोचते हैं कि यदि आप अपने पृष्ठ की सामग्री में केवल X बार किसी कीवर्ड को शामिल करते हैं, तो आप स्वचालित रूप से उसके लिए रैंक करेंगे। सच्चाई यह है कि, हालांकि Google आपकी साइट के पृष्ठों पर खोजशब्दों और संबंधित अवधारणाओं के उल्लेखों की तलाश करता है, पृष्ठ को शुद्ध खोजशब्द उपयोग के बाहर मूल्य जोड़ना पड़ता है। यदि कोई पृष्ठ उपयोगकर्ताओं के लिए मूल्यवान होने जा रहा है, तो ऐसा नहीं लगेगा कि यह रोबोट द्वारा लिखा गया था, इसलिए अपने कीवर्ड और वाक्यांशों को स्वाभाविक रूप से इस तरह शामिल करें जो आपके पाठकों के लिए समझ में आता हो।

नीचे एक कीवर्ड-भरवां सामग्री वाले पृष्ठ का एक उदाहरण है जो एक अन्य पुरानी पद्धति का भी उपयोग करता है: आपके सभी लक्षित कीवर्ड को बोल्ड करना। ओए । कीवर्ड-भरवां पैराग्राफ का एक उदाहरण, सभी लक्षित कीवर्ड को बोल्ड करना।

स्वतः उत्पन्न सामग्री

निःसंदेह निम्न-गुणवत्ता वाली सामग्री के सबसे आपत्तिजनक रूपों में से एक वह प्रकार है जो खोज रैंकिंग में हेर-फेर करने और उपयोगकर्ताओं की सहायता न करने के इरादे से स्वतः उत्पन्न, या प्रोग्राम के रूप में बनाया गया है। आप कुछ ऑटो-जेनरेट की गई सामग्री को पढ़ सकते हैं कि यह पढ़ने पर कितना कम समझ में आता है - वे तकनीकी रूप से शब्द हैं, लेकिन एक इंसान के बजाय एक कार्यक्रम द्वारा एक साथ जुड़े हुए हैं।

यह ध्यान देने योग्य है कि मशीन लर्निंग में प्रगति ने अधिक परिष्कृत ऑटो-जेनरेटेड सामग्री में योगदान दिया है जो केवल समय के साथ बेहतर होगा। यही कारण है कि <u>स्वचालित रूप से जेनरेट की गई सामग्री पर Google के गुणवत्ता दिशानिर्देशों में</u>, Google विशेष रूप से ऑटो-जेनरेट की गई सामग्री के ब्रांड को कॉल करता है जो किसी भी और सभी ऑटो-जेनरेटेड सामग्री के बजाय खोज रैंकिंग में हेरफेर करने का प्रयास करता है।

इसके बजाय क्या करें: *10x!*

खोज परिणामों में रैंकिंग के लिए कोई "गुप्त सॉस" नहीं है। Google पृष्ठों को उच्च रैंक देता है क्योंकि उसने यह निर्धारित किया है कि वे खोजकर्ता के प्रश्नों के सर्वोत्तम उत्तर हैं। आज के खोज इंजन में, यह पर्याप्त नहीं है कि आपका पृष्ठ डुप्लिकेट, स्पैमिंग या टूटा हुआ नहीं है। आपके पृष्ठ को खोजकर्ताओं को मूल्य प्रदान करना चाहिए और किसी भी अन्य पृष्ठ से बेहतर होना चाहिए जो Google वर्तमान में किसी विशेष प्रश्न के उत्तर के रूप में कार्य कर रहा है। सामग्री निर्माण के लिए यहां एक सरल सूत्र दिया गया है:

- वह कीवर्ड खोजें जिसके लिए आप अपने पेज को रैंक करना चाहते हैं
- पहचानें कि कौन से पृष्ठ उन खोजशब्दों के लिए उच्च रैंकिंग कर रहे हैं
- निर्धारित करें कि उन पृष्ठों में कौन से गुण हैं
- ऐसी सामग्री बनाएं जो उससे बेहतर हो

10x सामग्री को कॉल करना पसंद करते हैं । यदि आप किसी खोजशब्द पर एक पृष्ठ बनाते हैं जो खोज परिणामों (उस खोजशब्द के लिए) में दिखाए जा रहे पृष्ठों से 10x बेहतर है, तो Google आपको इसके लिए पुरस्कृत करेगा, और इससे भी बेहतर, आप स्वाभाविक रूप से लोगों को इससे जोड़ेंगे! 10x सामग्री बनाना कठिन काम है, लेकिन जैविक ट्रैफ़िक में लाभांश का भुगतान करेगा।

बस याद रखें, जब किसी पृष्ठ पर शब्दों की बात आती है तो कोई जादुई संख्या नहीं होती है। हमारा लक्ष्य वह होना चाहिए जो उपयोगकर्ता के इरादे को पर्याप्त रूप से संतुष्ट करे। कुछ प्रश्नों का उत्तर 300 शब्दों में अच्छी तरह और सटीक रूप से दिया जा सकता है जबकि अन्य के लिए 1,000 शब्दों की आवश्यकता हो सकती है!

एक प्रतियोगी विश्लेषण मदद कर सकता है!

जब आप शोध कर रहे हों कि आपकी सामग्री को 10 गुना कैसे किया जाए , तो गहन प्रतिस्पर्धी विश्लेषण करना आपकी बढ़त है। सौभाग्य से, हमारे पास इसके लिए समर्पित एक *और मार्गदर्शिका है!* ;-)

एसईओ प्रतियोगी विश्लेषण के लिए गाइड पढ़ें

पहिया को सुदृढ़ मत करो!

यदि आपकी वेबसाइट पर पहले से ही सामग्री है, तो यह मूल्यांकन करके अपना समय बचाएं कि उनमें से कौन से पृष्ठ पहले से ही अच्छी मात्रा में ऑर्गेनिक ट्रैफ़िक ला रहे हैं और अच्छी

तरह से परिवर्तित हो रहे हैं। अपनी साइट पर अधिक दृश्यता प्राप्त करने में सहायता के लिए विभिन्न प्लेटफार्मों पर उस सामग्री को नवीनीकृत करें। सिक्के के दूसरी तरफ, मूल्यांकन करें कि मौजूदा सामग्री क्या अच्छा प्रदर्शन नहीं कर रही है और इसे सभी नई सामग्री के साथ वर्ग एक से शुरू करने के बजाय समायोजित करें।

अपनी शीर्ष सामग्री को नवीनीकृत करने के बारे में अधिक जानें

NAP: स्थानीय व्यवसायों के लिए एक नोट

यदि आप एक व्यवसाय हैं जो आपके ग्राहकों के साथ व्यक्तिगत रूप से संपर्क करता है, तो अपनी साइट की सामग्री में अपने व्यवसाय का नाम, पता और फ़ोन नंबर (एनएपी) प्रमुखता से, सटीक और लगातार शामिल करना सुनिश्चित करें। यह जानकारी अक्सर स्थानीय व्यापार वेबसाइट के पाद लेख या शीर्षलेख में और साथ ही किसी भी "हमसे संपर्क करें" पृष्ठों पर प्रदर्शित होती है। आप स्थानीय व्यापार स्कीमा का उपयोग करके भी इस जानकारी को चिह्नित करना चाहेंगे। इस अध्याय के "अन्य अनुकूलन" खंड में स्कीमा और संरचित डेटा पर अधिक विस्तार से चर्चा की गई है।

यदि आप एक बहु-स्थान व्यवसाय हैं, तो प्रत्येक स्थान के लिए अद्वितीय, अनुकूलित पृष्ठ बनाना सर्वोत्तम है। उदाहरण के लिए, सिएटल, टैकोमा और बेलेव्यू में स्थान रखने वाले व्यवसाय को प्रत्येक के लिए एक पृष्ठ रखने पर विचार करना चाहिए:

example.com/seattleexample.com/tacomaexample.com/ bellevue

प्रत्येक पृष्ठ को उस स्थान के लिए विशिष्ट रूप से अनुकूलित किया जाना चाहिए, इसलिए सिएटल पृष्ठ में सिएटल स्थान पर चर्चा करने वाली अनूठी सामग्री होगी, सिएटल एनएपी की सूची होगी, और यहां तक कि विशेष रूप से सिएटल ग्राहकों से प्रशंसापत्र भी होंगे। यदि दर्जनों, सैकड़ों, या यहां तक कि हजारों स्थान हैं, तो एक स्टोर लोकेटर विजेट आपको स्केल करने में मदद करने के लिए नियोजित किया जा सकता है।

स्थानीय बनाम राष्ट्रीय बनाम अंतर्राष्ट्रीय

बस याद रखें कि सभी व्यवसाय स्थानीय स्तर पर काम नहीं करते हैं और जिसे हम " स्थानीय एसईओ " कहते हैं, वह करते हैं। कुछ व्यवसाय राष्ट्रीय स्तर पर ग्राहकों को आकर्षित करना चाहते हैं (उदा: संपूर्ण संयुक्त राज्य अमेरिका) और अन्य कई देशों (" अंतर्राष्ट्रीय एसईओ ") के ग्राहकों को आकर्षित करना चाहते हैं। उदाहरण के लिए, मोजेज को ही लें। हमारा उत्पाद (एसईओ सॉफ्टवेयर) एक विशिष्ट स्थान से जुड़ा नहीं है, जबकि एक कॉफी शॉप है, क्योंकि ग्राहकों को अपने कैफीन को ठीक करने के लिए उस स्थान की यात्रा करनी पड़ती है।

इस परिदृश्य में, कॉफ़ी शॉप को अपनी वेबसाइट को उनके भौतिक स्थान के लिए अनुकूलित करना चाहिए, जबकि Moz "SEO सॉफ्टवेयर" को "सिएटल" जैसे स्थान-विशिष्ट संशोधक के बिना लक्षित करेगा।

आप अपनी साइट का अनुकूलन कैसे करते हैं यह काफी हद तक आपके दर्शकों पर निर्भर करता है, इसलिए सुनिश्चित करें कि अपनी वेबसाइट सामग्री तैयार करते समय आपने उन्हें ध्यान में रखा है।

10 गुना बेहतर पृष्ठ को एक साथ रखने के कठिन-अभी तक पुरस्कृत कार्य को संभालने के बाद भी आपके पास कुछ ऊर्जा शेष है , क्योंकि आपके पृष्ठ के पूर्ण होने से पहले कुछ और चीजों की आवश्यकता है! अगले अनुभागों में, हम उन अन्य ऑन-पेज अनुकूलनों के बारे में बात करेंगे जिनकी आपके पृष्ठों को आवश्यकता है, साथ ही साथ आपकी सामग्री का नामकरण और आयोजन भी करेंगे।

सामग्री से परे: अन्य अनुकूलन जो आपके पृष्ठों को चाहिए

क्या मैं पैराग्राफ हेडिंग बनाने के लिए सिर्फ फॉन्ट साइज बढ़ा सकता हूं? मैं यह कैसे नियंत्रित कर सकता हूं कि खोज परिणामों में मेरे पृष्ठ के लिए कौन सा शीर्षक और विवरण दिखाई दे?

इस अनुभाग को पढ़ने के बाद, आप अन्य महत्वपूर्ण ऑन-पेज तत्वों को समझेंगे जो खोज इंजन को आपके द्वारा अभी-अभी बनाई गई 10x सामग्री को समझने में मदद करते हैं, तो चलिए इसमें गोता लगाते हैं!

हैडर टैग

हैडर टैग एक HTML तत्व है जिसका उपयोग आपके पृष्ठ पर शीर्षकों को निर्दिष्ट करने के लिए किया जाता है। मुख्य हैडर टैग, जिसे H1 कहा जाता है, आमतौर पर पृष्ठ के शीर्षक के लिए आरक्षित होता है। यह इस तरह दिख रहा है:

<h1>पेज का शीर्षक</h1>

ऐसे उप-शीर्षक भी हैं जो H2 से H6 टैग तक जाते हैं, हालाँकि इन सभी का किसी पृष्ठ पर उपयोग करने की आवश्यकता नहीं है। हैडर टैग का पदानुक्रम महत्व के अवरोही क्रम में H1 से H6 तक जाता है।

प्रत्येक पृष्ठ में एक अद्वितीय H1 होना चाहिए जो पृष्ठ के मुख्य विषय का वर्णन करता है , यह अक्सर पृष्ठ के शीर्षक से स्वचालित रूप से बनाया जाता है। पृष्ठ के मुख्य वर्णनात्मक शीर्षक के रूप में, H1 में उस पृष्ठ का प्राथमिक कीवर्ड या वाक्यांश होना चाहिए। नेविगेशनल बटन और फ़ोन नंबर जैसे गैर-शीर्षक तत्वों को चिह्नित करने के लिए आपको हैडर टैग का उपयोग करने से बचना चाहिए। निम्नलिखित सामग्री पर चर्चा करने के लिए हैडर टैग का उपयोग करें।

उदाहरण के लिए, कोपनहेगन कि दौरे के बारे में इस पृष्ठ को लें:

```
<h1>कोपेनहेगन यात्रा गाइड</h1><h2>सर्दियों के अनुसार कोपेनहेगन</h2><h3>
सर्दियों में जाना </h3><h3>वसंत में जाना</h3>
```

पृष्ठ का मुख्य विषय मुख्य <h1> शीर्षक में प्रस्तुत किया गया है, और प्रत्येक अतिरिक्त शीर्षक का उपयोग एक नया उप-विषय पेश करने के लिए किया जाता है। इस उदाहरण में, <h2> <h1> से अधिक विशिष्ट है, और <h3> टैग <h2> से अधिक विशिष्ट हैं। यह केवल उस संरचना का एक उदाहरण है जिसका आप उपयोग कर सकते हैं।

यद्यपि आप अपने हेडर टैग में जो भी चुनते हैं उसका उपयोग खोज इंजन द्वारा आपके पृष्ठ का मूल्यांकन और रैंक करने के लिए किया जा सकता है, लेकिन उनके महत्व को बढ़ाने से बचना महत्वपूर्ण है। हेडर टैग कई ऑन-पेज एसईओ कारकों में से एक हैं, और आम तौर पर गुणवत्ता वाले बैकलिंक्स और सामग्री की तरह सुई को स्थानांतरित नहीं करेंगे, इसलिए अपने शीर्षकों को तैयार करते समय अपनी साइट के आगंतुकों पर ध्यान केंद्रित करें।

आंतरिक लिंक

अध्याय 2 में, हमने क्रॉल करने योग्य वेबसाइट के महत्व पर चर्चा की। वेबसाइट की क्रॉलेबिलिटी का एक हिस्सा इसकी <u>आंतरिक लिंकिंग</u> संरचना में निहित है। जब आप अपनी वेबसाइट के अन्य पृष्ठों से लिंक करते हैं, तो आप सुनिश्चित करते हैं कि खोज इंजन क्रॉलर आपकी साइट के सभी पृष्ठों को ढूंढ सकें, आप अपनी साइट के अन्य पृष्ठों के लिए लिंक इक्विटी (रैंकिंग शक्ति) पास करते हैं, और आप आगंतुकों को आपकी साइट पर नेविगेट करने में मदद करते हैं।

आंतरिक जुड़ाव का महत्व अच्छी तरह से स्थापित है, लेकिन व्यवहार में यह कैसा दिखता है, इस पर भ्रम हो सकता है।

लिंक एक्सेसिबिलिटी

लिंक जिन्हें क्लिक की आवश्यकता होती है (जैसे देखने के लिए नेविगेशन ड्रॉप-डाउन) अक्सर खोज इंजन क्रॉलर से छिपे होते हैं, इसलिए यदि आपकी वेबसाइट के आंतरिक पृष्ठों के लिंक केवल इस प्रकार के लिंक के माध्यम से हैं, तो आपको उन पृष्ठों को अनुक्रमित करने में परेशानी हो सकती है। इसके बजाय उन लिंक के लिए ऑप्ट करें जो सीधे पृष्ठ पर पहुंच योग्य हैं।

एंकर टेक्स्ट

<u>एंकर टेक्स्ट</u> वह टेक्स्ट है जिसके साथ आप पृष्ठों से लिंक करते हैं। नीचे, आप एक उदाहरण देख सकते हैं कि एंकर टेक्स्ट के बिना हाइपरलिंक और एंकर टेक्स्ट वाला हाइपरलिंक HTML में कैसा दिखेगा।

```
<a         href       ="http://www.example.com/"></a><a         href
="http://www.example.com/" title="कीवर्ड टेक्स्ट">कीवर्ड टेक्स्ट</a>
```

लाइव व्यू पर, यह इस तरह दिखेगा:

http://www.example.com/

लंगर पाठ गंतव्य पृष्ठ की सामग्री के संबंध में खोज इंजनों को संकेत भेजता है। उदाहरण के लिए, यदि मैं एंकर टेक्स्ट "सीखें एसईओ" का उपयोग करके अपनी साइट पर किसी पृष्ठ से लिंक करता हूं, तो यह खोज इंजनों के लिए एक अच्छा संकेतक है कि लक्षित पृष्ठ वह है जिस पर लोग एसईओ के बारे में जान सकते हैं। हालांकि, सावधान रहें कि इसे ज़्यादा न करें। एक ही, कीवर्ड-भरवां एंकर टेक्स्ट का उपयोग करने वाले बहुत से आंतरिक लिंक खोज इंजनों को दिखाई दे सकते हैं जिन्हें आप किसी पृष्ठ की रैंकिंग में हेरफेर करने का प्रयास कर रहे हैं। एंकर टेक्स्ट को फॉर्मूलाइक के बजाय प्राकृतिक बनाना सबसे अच्छा है।

लिंक वॉल्यूम

Google के सामान्य वेबमास्टर दिशानिर्देशों में, वे कहते हैं, "किसी पृष्ठ पर लिंक की संख्या को एक उचित संख्या (अधिक से अधिक कुछ हज़ार) तक सीमित करें।" यह गुणवत्ता दिशानिर्देश अनुभाग के बजाय Google के तकनीकी दिशानिर्देशों का हिस्सा है, इसलिए बहुत अधिक आंतरिक लिंक होने से आपको दंडित नहीं किया जा सकता है, लेकिन यह प्रभावित करता है कि Google आपके पृष्ठों को कैसे ढूंढता है और उनका मूल्यांकन करता है।

किसी पृष्ठ पर जितने अधिक लिंक होंगे, प्रत्येक लिंक उतनी ही कम इक्विटी अपने गंतव्य पृष्ठ पर जा सकेगा। एक पृष्ठ में घूमने के लिए केवल इतनी इक्विटी होती है।

तो यह कहना सुरक्षित है कि आपको केवल तभी लिंक करना चाहिए जब आपका मतलब हो! आप हमारे SEO Learning Center से लिंक इक्विटी के बारे में अधिक जान सकते हैं।

पृष्ठों के बीच प्राधिकरण पारित करने के अलावा, एक लिंक उपयोगकर्ताओं को आपकी साइट पर अन्य पृष्ठों पर नेविगेट करने में सहायता करने का एक तरीका भी है। यह एक ऐसा मामला है जहां खोज इंजन के लिए जो सबसे अच्छा है वह करना भी खोजकर्ताओं के लिए सबसे अच्छा काम करना है। बहुत सारे लिंक न केवल प्रत्येक लिंक के अधिकार को कमजोर करते हैं, बल्कि वे अनुपयोगी और भारी भी हो सकते हैं। विचार करें कि एक खोजकर्ता को इस तरह दिखने वाले पृष्ठ पर उतरना कैसा महसूस हो सकता है:

बागवानी वेबसाइट में आपका स्वागत है ! हमारे पास बागवानी पर कई लेख हैं, बगीचे कैसे करें, और जड़ी-बूटियों, फलों, सब्जियों, बारहमासी और वार्षिक पर उपयोगी टिप्स हैं । हमारे बागवानी ब्लॉग से बागवानी के बारे में और जानें ।

वाह! न केवल प्रक्रिया के लिए बहुत सारे लिंक हैं, बल्कि यह बहुत अस्वाभाविक रूप से भी पढ़ता है और इसमें बहुत अधिक पदार्थ नहीं होता है (जिसे Google द्वारा "पतली सामग्री" माना जा सकता है)। गुणवत्ता पर ध्यान दें और अपने उपयोगकर्ताओं को आपकी साइट पर नेविगेट करने में मदद करें, और आपको बहुत अधिक लिंक के बारे में चिंता करने की आवश्यकता नहीं होगी।

पुनर्निर्देशन

पृष्ठों को हटाना और उनका नाम बदलना एक आम बात है, लेकिन यदि आप किसी पृष्ठ को स्थानांतरित करते हैं, तो उस पुराने URL के लिंक को अपडेट करना सुनिश्चित करें! कम से कम, आपको URL को उसके नए स्थान पर पुनर्निर्देशित करना सुनिश्चित करना चाहिए , लेकिन यदि संभव हो, तो स्रोत पर उस URL के सभी आंतरिक लिंक अपडेट करें ताकि उपयोगकर्ताओं और क्रॉलर को गंतव्य पर पहुंचने के लिए रीडायरेक्ट से गुजरना न पड़े पृष्ठ। यदि आप केवल पुनर्निर्देशित करना चुनते हैं, तो बहुत लंबी पुनर्निर्देशित शृंखलाओं से बचने के लिए सावधान रहें (Google कहता है , "शृंखला में पुनर्निर्देशन से बचें ... शृंखला में पुनर्निर्देशनों की संख्या कम रखें, आदर्श रूप से 3 से अधिक और 5 से कम नहीं")।

रीडायरेक्ट चेन का उदाहरण:

(सामग्री का मूल स्थान) example.com/location1 → example.com/location2 → (सामग्री का वर्तमान स्थान) example.com/location3

बेहतर: example.com/location1 → example.com/location3

छवि अनुकूलन

छवियां धीमे वेब पृष्ठों के सबसे बड़े अपराधी हैं! इसे हल करने का सबसे अच्छा तरीका है कि आप अपनी इमेज को कंप्रेस करें। जब छवि संपीड़न की बात आती है तो कोई एक आकार-फिट-सभी नहीं होता है, "वेब के लिए सहेजें," छवि आकार, और मैक (या विंडोज विकल्प) के लिए ऑप्टिमाइज़िला या इमेजऑप्टिम जैसे संपीड़न उपकरण जैसे विभिन्न विकल्पों का परीक्षण करने के साथ-साथ मूल्यांकन करना जाने का रास्ता सबसे अच्छा काम करता है।

अपनी छवियों को अनुकूलित करने में मदद करने का एक और तरीका है (और अपनी पृष्ठ गति में सुधार करना) सही छवि प्रारूप चुनना है।

कैसे चुनें कि किस छवि प्रारूप का उपयोग करना है:

- यदि आपकी छवि को एनिमेशन की आवश्यकता है, तो GIF का उपयोग करें।
- यदि आपको उच्च छवि रिज़ॉल्यूशन को संरक्षित करने की आवश्यकता नहीं है, तो JPEG का उपयोग करें (और विभिन्न संपीड़न सेटिंग्स का परीक्षण करें)।
- यदि आपको उच्च छवि रिज़ॉल्यूशन को संरक्षित करने की आवश्यकता है, तो पीएनजी का उपयोग करें।

  - यदि आपकी छवि में बहुत सारे रंग हैं , तो PNG-24 का उपयोग करें।
  - यदि आपकी छवि में बहुत सारे रंग नहीं हैं , तो PNG-8 का उपयोग करें।

Google की छवि अनुकूलन मार्गदर्शिका में छवि प्रारूप चुनने के बारे में अधिक जानें ।

रंगीन बॉक्स या बहुत धुंधली/कम रिज़ॉल्यूशन संस्करण उत्पन्न करने वाली छवियों का उपयोग करके आगंतुकों को अर्ध-धीमी लोडिंग पृष्ठ पर रखने के विभिन्न तरीके हैं। हम अध्याय 5 में इन विकल्पों पर अधिक विस्तार से चर्चा करेंगे।

थंबनेल के बारे में मत भूलना!

थंबनेल (*विशेष रूप से ई-कॉमर्स साइटों के लिए*) एक बड़ी पृष्ठ गति धीमी हो सकती है। धीमे पृष्ठों से बचने और अधिक योग्य विज़िटर बनाए रखने में सहायता के लिए थंबनेल को ठीक से अनुकूलित करें।

वैकल्पिक शब्द

ऑल्ट टेक्स्ट (वैकल्पिक टेक्स्ट) वेब एक्सेसिबिलिटी का एक सिद्धांत है, और इसका उपयोग स्क्रीन रीडर्स के माध्यम से दृष्टिबाधित लोगों को छवियों का वर्णन करने के लिए किया जाता है। वैकल्पिक टेक्स्ट विवरण होना महत्वपूर्ण है ताकि कोई भी दृष्टिबाधित व्यक्ति यह समझ सके कि आपकी वेबसाइट पर चित्र क्या दर्शाते हैं।

खोज इंजन बॉट आपकी छवियों को बेहतर ढंग से समझने के लिए वैकल्पिक पाठ को भी क्रॉल करते हैं, जो आपको खोज इंजन को बेहतर छवि संदर्भ प्रदान करने का अतिरिक्त लाभ देता है। बस सुनिश्चित करें कि आपके वैकल्पिक विवरण लोगों के लिए स्वाभाविक रूप से पढ़े जाते हैं, और खोज इंजन के लिए कीवर्ड भरने से बचें।

बुरा: < img src ="grumpycat.gif" alt="गंभीर बिल्ली, बिल्ली क्रोधी है, क्रोधी बिल्ली gif">

अच्छा: < img src ="grumpycat.gif" alt="काली बिल्ली बड़े धब्बेदार कुत्ते पर बहुत क्रोधी दिखती है">

वेब एक्सेसिबिलिटी और *SEO*

वेब एक्सेसिबिलिटी और SEO के बीच काफी अंतर है। हमारे अधिकांश काम अदूरदर्शी इंटरनेट उपयोगकर्ताओं के लिए ऑनलाइन अनुभवों को मदद या नुकसान पहुंचा सकते हैं। इस महत्वपूर्ण विषय पर हमारी ब्लॉग पोस्ट श्रृंखला देखना सुनिश्चित करें — हमारे पास वेब को सभी के लिए एक बेहतर स्थान बनाने में मदद करने का अवसर है!

एक छवि साइटमैप सबमिट करें

यह सुनिश्चित करने के लिए कि Google आपकी छवियों को क्रॉल और अनुक्रमित कर सकता है, अपने Google खोज कंसोल खाते में एक छवि साइटमैप सबमिट करें। इससे Google को उन छवियों को खोजने में मदद मिलती है जो वे अन्यथा चूक गए हों।

पठनीयता और चुनिंदा स्निपेट के लिए स्वरूपण

आपके पृष्ठ में किसी विषय पर लिखी गई अब तक की सबसे अच्छी सामग्री हो सकती है, लेकिन यदि इसे अनुचित तरीके से प्रारूपित किया गया है, तो आपके दर्शक इसे कभी नहीं पढ़ सकते हैं! हालांकि हम यह गारंटी नहीं दे सकते कि आगंतुक हमारी सामग्री को पढ़ेंगे, कुछ सिद्धांत हैं जो पठनीयता को बढ़ावा दे सकते हैं, जिनमें शामिल हैं:

- टेक्स्ट का आकार और रंग - बहुत छोटे फ़ॉन्ट से बचें। Google मोबाइल पर "पिंचिंग और ज़ूमिंग" की आवश्यकता को कम करने के लिए 16-बिंदु फ़ॉन्ट और ऊपर की अनुशंसा करता है। पृष्ठ की पृष्ठभूमि के रंग के संबंध में पाठ का रंग भी पठनीयता को बढ़ावा देना चाहिए। टेक्स्ट पर अतिरिक्त जानकारी वेबसाइट एक्सेसिबिलिटी दिशानिर्देशों और Google के वेब एक्सेसिबिलिटी फंडामेंटल के माध्यम से पाई जा सकती है।
- शीर्षक - सहायक शीर्षकों के साथ अपनी सामग्री को विभाजित करने से पाठकों को पृष्ठ पर नेविगेट करने में मदद मिल सकती है। यह लंबे पृष्ठों पर विशेष रूप से उपयोगी है जहां एक पाठक केवल एक विशेष खंड से जानकारी की तलाश में हो सकता है।
- बुलेट पॉइंट - सूचियों के लिए बढ़िया, बुलेट पॉइंट पाठकों को स्किम करने में मदद कर सकते हैं और अधिक तेज़ी से उनकी ज़रूरत की जानकारी पा सकते हैं।
- अनुच्छेद विराम - पाठ की दीवारों से बचना पृष्ठ परित्याग को रोकने में मदद कर सकता है और साइट आगंतुकों को आपके पृष्ठ को और अधिक पढ़ने के लिए प्रोत्साहित कर सकता है।
- सहायक मीडिया - जब उपयुक्त हो, चित्र, वीडियो और विजेट शामिल करें जो आपकी सामग्री के पूरक हों।
- जोर देने के लिए बोल्ड और इटैलिक - शब्दों को बोल्ड या इटैलिक में डालने से जोर जोड़ा जा सकता है, इसलिए उन्हें अपवाद होना चाहिए, नियम नहीं। इन स्वरूपण विकल्पों का उचित उपयोग उन महत्वपूर्ण बिंदुओं को बता सकता है जिन्हें आप संप्रेषित करना चाहते हैं।

फ़ॉर्मेटिंग आपके पेज की फ़ीचर्ड स्निपेट में दिखाई देने की क्षमता को भी प्रभावित कर सकता है, वे "स्थिति 0" परिणाम जो बाकी ऑर्गेनिक परिणामों के ऊपर दिखाई देते हैं।एक विशेष रुप से प्रदर्शित स्निपेट का एक उदाहरण, जो SERP के शीर्ष पर "स्थिति 0" में दिखाई देता है।

कोई विशेष कोड नहीं है जिसे आप यहां दिखाने के लिए अपने पृष्ठ में जोड़ सकते हैं, और न ही आप इस प्लेसमेंट के लिए भुगतान कर सकते हैं, लेकिन क्वेरी के इरादे को ध्यान में रखते हुए आप फीचर्ड स्निपेट के लिए अपनी सामग्री को बेहतर ढंग से तैयार कर सकते

हैं। उदाहरण के लिए, यदि आप "केक बनाम पाई" के लिए रैंक करने का प्रयास कर रहे हैं, तो एक कॉलम में केक के लाभों और दूसरे में पाई के लाभों के साथ अपनी सामग्री में एक तालिका शामिल करना समझदारी हो सकती है। या यदि आप "पोर्टलैंड में प्रयास करने के लिए सर्वश्रेष्ठ रेस्तरां" के लिए रैंक करने का प्रयास कर रहे हैं, तो यह संकेत दे सकता है कि Google एक सूची चाहता है, इसलिए बुलेट में आपकी सामग्री को प्रारूपित करने से मदद मिल सकती है।

शीर्षक टैग

एक पृष्ठ का शीर्षक टैग एक वर्णनात्मक, HTML तत्व है जो किसी विशेष वेब पृष्ठ का शीर्षक निर्दिष्ट करता है। वे प्रत्येक पृष्ठ के हेड टैग में नेस्टेड हैं और इस तरह दिखते हैं:

< शीर्ष > <शीर्षक>उदाहरण शीर्षक</शीर्षक> </शीर्ष>

आपकी वेबसाइट के प्रत्येक पृष्ठ में एक अद्वितीय, वर्णनात्मक शीर्षक टैग होना चाहिए। आप अपने शीर्षक टैग फ़ील्ड में जो इनपुट करते हैं वह यहां खोज परिणामों में दिखाई देगा, हालांकि कुछ मामलों में Google यह समायोजित कर सकता है कि खोज परिणामों में आपका शीर्षक टैग कैसे दिखाई देता है।

बेहतर ट्रैफ़िक के लिए शीर्षक टैग युक्तियाँ

हालांकि SEO में कोई शॉर्टकट नहीं हैं, लेकिन बहुत सारे टिप्स और ट्रिक्स हैं जो SERPs में पेज टाइटल की क्लिक करने की क्षमता और आकर्षण को बढ़ा सकते हैं। आपकी वेबसाइट पर लोगों की पहली छाप में आपके शीर्षक टैग की एक बड़ी भूमिका है, और यह खोजकर्ताओं को SERP पर किसी भी अन्य परिणाम पर आपके पृष्ठ पर आकर्षित करने के लिए एक अविश्वसनीय रूप से प्रभावी उपकरण है। आपका शीर्षक टैग जितना अधिक आकर्षक होगा, खोज परिणामों में उच्च रैंकिंग के साथ, आप उतने ही अधिक विज़िटर अपनी वेबसाइट पर आकर्षित करेंगे। यह रेखांकित करता है कि SEO केवल सर्च इंजन के बारे में नहीं है, बल्कि संपूर्ण उपयोगकर्ता अनुभव है।

क्या एक प्रभावी शीर्षक टैग बनाता है?

- **कीवर्ड उपयोग:** शीर्षक में आपका लक्षित कीवर्ड होने से उपयोगकर्ताओं और खोज इंजन दोनों को यह समझने में मदद मिल सकती है कि आपका पृष्ठ किस बारे में है। साथ ही, आपके कीवर्ड शीर्षक टैग के सामने के जितने करीब होंगे, उतनी ही अधिक संभावना होगी कि उपयोगकर्ता उन्हें पढ़ेगा (और उम्मीद है कि क्लिक करें) और रैंकिंग के लिए वे उतने ही उपयोगी होंगे।

- **लंबाई:** औसतन, खोज इंजन खोज परिणामों में शीर्षक टैग के पहले 50-60 वर्ण (~512 पिक्सेल) प्रदर्शित करते हैं। यदि आपका शीर्षक टैग उस SERP पर अनुमत वर्णों से अधिक है, तो एक दीर्घवृत्त "..." दिखाई देगा जहां शीर्षक काटा गया था। जबकि 50-60 वर्णों से चिपके रहना सुरक्षित है, सख्त चरित्र गणना के लिए कभी भी गुणवत्ता का त्याग न करें। यदि आप अपने शीर्षक टैग को उसकी पठनीयता को नुकसान पहुंचाए बिना 60 वर्णों तक कम नहीं कर सकते हैं, तो लंबे समय तक (कारण के भीतर) जाएं।

- **ब्रांडिंग:** Moz में, हम अपने शीर्षक टैग को ब्रांड नाम के उल्लेख के साथ समाप्त करना पसंद करते हैं क्योंकि यह ब्रांड जागरूकता को बढ़ावा देता है और Moz से परिचित लोगों के बीच उच्च क्लिक-थ्रू दर बनाता है। कभी-कभी अपने ब्रांड को शीर्षक टैग की शुरुआत में रखना उचित होता है, जैसे कि आपके मुखपृष्ठ पर, लेकिन इस बात का ध्यान रखें कि आप किसके लिए रैंक करने का प्रयास कर रहे हैं और उन शब्दों को अपने शीर्षक टैग की शुरुआत के करीब रखें।

मेटा विवरण

शीर्षक टैग की तरह, <u>मेटा विवरण</u> HTML तत्व हैं जो उस पृष्ठ की सामग्री का वर्णन करते हैं जिस पर वे हैं। वे हेड टैग में भी नेस्टेड हैं, और इस तरह दिखते हैं: <head> < मेटा नाम = "विवरण" सामग्री = "यहाँ पृष्ठ का विवरण।"/></head>

आप विवरण फ़ील्ड में जो इनपुट करते हैं, वह यहां खोज परिणामों में दिखाई देगा: उदाहरण के लिए, यदि आप "बैकलिंक्स ढूंढें" खोजते हैं, तो Google यह मेटा विवरण प्रदान करेगा क्योंकि यह विशिष्ट खोज के लिए इसे अधिक प्रासंगिक मानता है:

जबकि वास्तविक मेटा विवरण है: यह अक्सर अद्वितीय खोजों के लिए आपके मेटा विवरण को बेहतर बनाने में मदद करता है। हालांकि, यह आपको एक डिफ़ॉल्ट पृष्ठ मेटा विवरण लिखने से नहीं रोकता है - वे अभी भी अत्यंत मूल्यवान हैं।

एक प्रभावी मेटा विवरण क्या बनाता है?

एक प्रभावी शीर्षक टैग बनाने वाले गुण प्रभावी मेटा विवरण पर भी लागू होते हैं। हालांकि Google का कहना है कि मेटा विवरण एक रैंकिंग कारक नहीं हैं, जैसे शीर्षक टैग, वे क्लिक-थ्रू दर के लिए अविश्वसनीय रूप से महत्वपूर्ण हैं।

- **प्रासंगिकता:** मेटा विवरण आपके पृष्ठ की सामग्री के लिए अत्यधिक प्रासंगिक होना चाहिए, इसलिए इसे किसी न किसी रूप में आपकी मुख्य अवधारणा को संक्षेप में प्रस्तुत करना चाहिए। आपको खोजकर्ता को यह जानने के लिए पर्याप्त जानकारी देनी चाहिए कि उन्होंने अपने प्रश्न का उत्तर देने के लिए पर्याप्त प्रासंगिक पृष्ठ पाया है, बिना इतनी जानकारी दिए कि यह आपके वेब पेज पर क्लिक करने की आवश्यकता को समाप्त कर

दें।

- **लंबाई:** खोज इंजन मेटा विवरण को लगभग 155 वर्णों तक छोटा कर देते हैं। 150-300 वर्णों की लंबाई के बीच मेटा विवरण लिखना सबसे अच्छा है । कुछ SERPs पर, आप देखेंगे कि Google कुछ पृष्ठों के विवरण के लिए बहुत अधिक अचल संपत्ति देता है। यह आमतौर पर किसी चुनिंदा स्निपेट के ठीक नीचे वेब पेजों की रैंकिंग के लिए होता है।

URL संरचना: अपने पृष्ठों का नामकरण और उन्हें व्यवस्थित करना

URL का मतलब यूनिफ़ॉर्म रिसोर्स लोकेटर है। यूआरएल वेब पर सामग्री के अलग-अलग टुकड़ों के लिए स्थान या पते हैं। शीर्षक टैग और मेटा विवरण की तरह, खोज इंजन SERPs पर URL प्रदर्शित करते हैं, इसलिए URL नामकरण और प्रारूप क्लिक-थ्रू दरों को प्रभावित कर सकते हैं। न केवल खोजकर्ता उनका उपयोग यह निर्णय लेने के लिए करते हैं कि किस वेब पेज पर क्लिक करना है, बल्कि URL का उपयोग खोज इंजन द्वारा पृष्ठों के मूल्यांकन और रैंकिंग में भी किया जाता है।

पृष्ठ का नामकरण साफ़ करें

खोज इंजन को आपकी वेबसाइट के प्रत्येक पृष्ठ के लिए अद्वितीय URL की आवश्यकता होती है ताकि वे आपके पृष्ठों को खोज परिणामों में प्रदर्शित कर सकें, लेकिन स्पष्ट URL संरचना और नामकरण उन लोगों के लिए भी सहायक है जो यह समझने की कोशिश कर रहे हैं कि एक विशिष्ट URL क्या है। उदाहरण के लिए, कौन सा URL स्पष्ट है?

example.com/डेसर्ट/चॉकलेट-पाई या example.com/ asdf /453?=रेसिपी-23432-1123

खोजकर्ता उन URL पर क्लिक करने की अधिक संभावना रखते हैं जो उस पृष्ठ पर मौजूद जानकारी को सुदृढ़ और स्पष्ट करते हैं, और उन URL पर क्लिक करने की संभावना कम होती है जो उन्हें भ्रमित करते हैं।

यूआरएल एक मामूली रैंकिंग संकेत है, लेकिन आप अकेले अपने डोमेन/पेज नामों में शब्दों के आधार पर रैंक की उम्मीद नहीं कर सकते हैं (<u>Google ईएमडी अपडेट देखें</u>)। अपने पृष्ठों का नामकरण या डोमेन नाम चुनते समय, पहले अपने दर्शकों को ध्यान में रखें।

पेज संगठन

यदि आप अपनी वेबसाइट पर कई विषयों पर चर्चा करते हैं, तो आपको यह भी सुनिश्चित करना चाहिए कि अप्रासंगिक फ़ोल्डरों के अंतर्गत पृष्ठों को नेस्ट करने से बचें। उदाहरण के

लिए:

example.com/commercial-litigation/alimony

इस काल्पनिक बहु-प्रैक्टिस लॉ फर्म वेबसाइट के लिए वेबसाइट के अप्रासंगिक "/ वाणिज्यिक-मुकदमा /" अनुभाग के तहत इसे होस्ट करने के बजाय "/ परिवार-कानून /" के तहत गुजारा भत्ता देना बेहतर होता।

जिन फ़ोल्डरों में आप अपनी सामग्री का पता लगाते हैं, वे आपकी सामग्री के प्रकार के बारे में संकेत भी भेज सकते हैं, न कि केवल विषय के बारे में। उदाहरण के लिए, दिनांकित URL समय-संवेदी सामग्री को इंगित कर सकते हैं। समाचार-आधारित वेबसाइटों के लिए उपयुक्त होने पर, सदाबहार सामग्री के लिए दिनांकित URL वास्तव में खोजकर्ताओं को दूर कर सकते हैं क्योंकि जानकारी पुरानी लगती है। उदाहरण के लिए:

example.com/2015/ अप्रैल /what-is- seo /

बनाम _ example.com/what-is- एसईओ /

"SEO क्या है?" विषय के बाद से किसी विशिष्ट तिथि तक सीमित नहीं है, गैर-दिनांकित URL संरचना पर होस्ट करना सबसे अच्छा है अन्यथा आपकी जानकारी पुरानी दिखाई देने का जोखिम उठाती है।

जैसा कि आप देख सकते हैं, आप अपने पृष्ठों को क्या नाम देते हैं, और अपने पृष्ठों को व्यवस्थित करने के लिए आप किन फ़ोल्डरों में चुनते हैं, यह उपयोगकर्ताओं और खोज इंजनों को आपके पृष्ठ के विषय को स्पष्ट करने का एक महत्वपूर्ण तरीका है।

यूआरएल की लंबाई

हालांकि एक पूरी तरह से सपाट यूआरएल संरचना होना जरूरी नहीं है, कई क्लिक-थ्रू दर अध्ययनों से संकेत मिलता है कि, जब यूआरएल और छोटे यूआरएल के बीच विकल्प दिया जाता है, तो खोजकर्ता अक्सर छोटे यूआरएल पसंद करते हैं। जैसे शीर्षक टैग और मेटा विवरण जो बहुत लंबे हैं, बहुत लंबे URL भी एक दीर्घवृत्त के साथ काट दिए जाएंगे। बस याद रखें, एक वर्णनात्मक यूआरएल होना उतना ही महत्वपूर्ण है, इसलिए यूआरएल की लंबाई में कटौती न करें अगर इसका मतलब यूआरएल की वर्णनात्मकता का त्याग करना है।

example.com/services/plumbing/plumbing-repair/toilets/leaks/

बनाम _ example.com/plumbing-repair/toilets/

अपने पृष्ठ नामों में कम शब्दों को शामिल करके और अनावश्यक सबफ़ोल्डर को हटाकर लंबाई को कम करना, आपके URL को कॉपी और पेस्ट करना आसान बनाता है, साथ ही अधिक क्लिक करने योग्य भी बनाता है।

URL में कीवर्ड

यदि आपका पृष्ठ किसी विशिष्ट शब्द या वाक्यांश को लक्षित कर रहा है, तो उसे URL में शामिल करना सुनिश्चित करें। हालांकि, विशुद्ध रूप से एसईओ उद्देश्यों के लिए कई कीवर्ड में सामान रखने की कोशिश करके ओवरबोर्ड न जाएं। अलग-अलग सबफ़ोल्डर में दोहराए गए कीवर्ड पर नज़र रखना भी महत्वपूर्ण है। उदाहरण के लिए, हो सकता है कि आपने स्वाभाविक रूप से एक खोजशब्द को एक पृष्ठ नाम में शामिल किया हो, लेकिन यदि अन्य फ़ोल्डरों के भीतर स्थित है जो उस खोजशब्द के साथ भी अनुकूलित हैं, तो यूआरएल खोजशब्द-भरवां दिखाई देना शुरू कर सकता है।

उदाहरण: example.com/ सिएटल -डेंटिस्ट/डेंटल-सर्विसेज/डेंटल-क्राउन/

URL में कीवर्ड का अत्यधिक उपयोग स्पैमयुक्त और जोड़-तोड़ करने वाला दिखाई दे सकता है। यदि आप सुनिश्चित नहीं हैं कि आपका कीवर्ड उपयोग बहुत आक्रामक है, तो बस एक खोजकर्ता की नज़र से अपना URL पढ़ें और पूछें, "क्या यह स्वाभाविक लगता है? क्या मैं इस पर क्लिक करूंगा?"

स्टेटिक यूआरएल

सर्वोत्तम URL वे हैं जिन्हें मनुष्य आसानी से पढ़ सकते हैं, इसलिए आपको पैरामीटर, संख्याओं और प्रतीकों के अति प्रयोग से बचना चाहिए। Apache के लिए mod_rewrite और Microsoft के लिए ISAPI_rewrite जैसी तकनीकों का उपयोग करके , आप इस तरह से डायनामिक URL को आसानी से रूपांतरित कर सकते हैं:

http://moz.com/blog?id=123

तरह एक अधिक पठनीय स्थिर संस्करण में:

https://moz.com/google-algorithm-change

शब्द पृथक्करण के लिए हाइफ़न

सभी वेब एप्लिकेशन अंडरस्कोर (_), प्लस चिह्न (+), या रिक्त स्थान (% 20) जैसे विभाजकों की सटीक व्याख्या नहीं करते हैं। खोज इंजन यह भी नहीं समझते हैं कि जब वे बिना विभाजक के एक साथ चलते हैं तो URL में शब्दों को कैसे अलग किया जाए (example.com/ Optimizefeaturedsnippets /)। इसके बजाय, किसी URL में शब्दों को अलग करने के लिए हाइफ़न वर्ण (-) का उपयोग करें।

मामले की संवेदनशीलता

साइटों को केस संवेदनशील यूआरएल से बचना चाहिए। example.com/desserts/ Chocolate-Pie-Recipe के बजाय example.com/desserts/chocolate-pie-recipe

का उपयोग करना बेहतर होगा। यदि आप जिस साइट पर काम कर रहे हैं, उसमें बहुत सारे मिश्रित-केस URL अनुक्रमित हैं, तो परेशान न हों — आपके डेवलपर मदद कर सकते हैं। उनसे किसी ऐसी चीज़ में पुनर्लेखन सूत्र जोड़ने के बारे में पूछें जिसे . htaccess फ़ाइल को स्वचालित रूप से किसी भी अपरकेस URL को लोअरकेस बनाने के लिए।

URL में भौगोलिक संशोधक

कुछ स्थानीय व्यापार मालिक भौगोलिक शब्दों को छोड़ देते हैं जो उनके भौतिक स्थान या सेवा क्षेत्र का वर्णन करते हैं क्योंकि उनका मानना है कि खोज इंजन इसे स्वयं ही समझ सकते हैं। इसके विपरीत, यह महत्वपूर्ण है कि स्थानीय व्यावसायिक वेबसाइटों की सामग्री, URL और अन्य ऑन-साइट संपत्ति शहर के नाम, पड़ोस के नाम और अन्य क्षेत्रीय विवरणकों का विशिष्ट उल्लेख करें। केवल अपने भौतिक स्थान पर निर्भर रहने के बजाय, उपभोक्ताओं और खोज इंजन दोनों को यह जानने दें कि आप कहां हैं और आप कहां सेवा करते हैं।

प्रोटोकॉल: HTTP बनाम HTTPS

एक प्रोटोकॉल यह है कि आपके डोमेन नाम से पहले "http" या "https"। Google अनुशंसा करता है कि सभी वेबसाइटों का एक सुरक्षित प्रोटोकॉल हो ("https" में "s" का अर्थ "सुरक्षित") है। यह सुनिश्चित करने के लिए कि आपके URL http:// के बजाय https:// प्रोटोकॉल का उपयोग कर रहे हैं, आपको एक SSL (सिक्योर सॉकेट लेयर) प्रमाणपत्र प्राप्त करना होगा। डेटा को एन्क्रिप्ट करने के लिए SSL प्रमाणपत्र का उपयोग किया जाता है। वे सुनिश्चित करते हैं कि खोजकर्ता के वेब सर्वर और ब्राउज़र के बीच पारित कोई भी डेटा निजी रहे। जुलाई 2018 तक, Google क्रोम सभी HTTP साइटों के लिए "सुरक्षित नहीं" प्रदर्शित करता है, जिसके कारण ये साइट आगंतुकों के लिए अविश्वसनीय दिखाई दे सकती हैं और परिणामस्वरूप वे साइट छोड़ सकते हैं।

6

तकनीकी एसईओ

आपको इन अवधारणाओं की गहरी तकनीकी समझ की आवश्यकता नहीं है, लेकिन यह समझना महत्वपूर्ण है कि ये तकनीकी संपत्तियां क्या करती हैं ताकि आप डेवलपर्स के साथ उनके बारे में समझदारी से बात कर सकें। अपने डेवलपर्स की भाषा बोलना महत्वपूर्ण है क्योंकि आपको शायद अपने कुछ अनुकूलन करने के लिए उनकी आवश्यकता होगी। यदि वे आपके अनुरोध को नहीं समझ सकते हैं या इसके महत्व को नहीं देख सकते हैं, तो वे आपके प्रश्नों को प्राथमिकता देने की संभावना नहीं रखते हैं। जब आप अपने डेवलपर्स के साथ विश्वसनीयता और विश्वास स्थापित करते हैं, तो आप लालफीताशाही को दूर करना शुरू कर सकते हैं जो अक्सर महत्वपूर्ण काम करने से रोकता है।

उस शब्द का क्या अर्थ है?

सुनिश्चित करें कि आप इस अध्याय के सभी नए विचारों से निपटने के लिए तैयार हैं, इसके लिए SEO शब्दावली आसान है!

अध्याय 5 परिभाषाएँ देखें

SEO को प्रभावी होने के लिए क्रॉस-टीम समर्थन की आवश्यकता होती है

अपने डेवलपर्स के साथ स्वस्थ संबंध रखना महत्वपूर्ण है ताकि आप दोनों तरफ से एसईओ चुनौतियों से सफलतापूर्वक निपट सकें। तब तक प्रतीक्षा न करें जब तक कि कोई तकनीकी समस्या किसी डेवलपर को शामिल करने के लिए नकारात्मक SEO प्रभाव का कारण न बने। इसके बजाय, मुद्दों को पूरी तरह से टालने के लक्ष्य के साथ नियोजन चरण के लिए सेना में शामिल हों। यदि आप नहीं करते हैं, तो बाद में आपको समय और पैसा खर्च करना पड़ सकता है।

क्रॉस-टीम समर्थन से परे, एसईओ के लिए तकनीकी अनुकूलन को समझना आवश्यक है यदि आप यह सुनिश्चित करना चाहते हैं कि आपके वेब पेज मनुष्यों और क्रॉलर दोनों के लिए संरचित हैं। इसके लिए, हमने इस अध्याय को तीन खंडों में विभाजित किया है:

1. वेबसाइट कैसे काम करती हैं
2. सर्च इंजन वेबसाइटों को कैसे समझते हैं
3. उपयोगकर्ता वेबसाइटों के साथ कैसे इंटरैक्ट करते हैं

चूंकि किसी साइट की तकनीकी संरचना उसके प्रदर्शन पर व्यापक प्रभाव डाल सकती है, इसलिए सभी के लिए इन सिद्धांतों को समझना महत्वपूर्ण है। मार्गदर्शिका के इस भाग को अपने प्रोग्रामर, सामग्री लेखकों और डिजाइनरों के साथ साझा करना भी एक अच्छा विचार हो सकता है ताकि साइट के निर्माण में शामिल सभी पक्ष एक ही पृष्ठ पर हों।

वेबसाइट कैसे काम करती हैं

यदि खोज इंजन अनुकूलन खोज के लिए किसी वेबसाइट को अनुकूलित करने की प्रक्रिया है, तो SEO को कम से कम उस चीज़ की बुनियादी समझ की आवश्यकता होती है जिसे वे अनुकूलित कर रहे हैं!

नीचे, हम एक ब्राउज़र में वेबसाइट की डोमेन नाम खरीद से उसकी पूरी तरह से प्रदान की गई स्थिति तक की यात्रा की रूपरेखा तैयार करते हैं। वेबसाइट की यात्रा का एक महत्वपूर्ण घटक महत्वपूर्ण प्रतिपादन पथ है, जो एक ब्राउज़र द्वारा वेबसाइट के कोड को देखने योग्य पृष्ठ में बदलने की प्रक्रिया है।

कुछ कारणों से SEO को समझने के लिए वेबसाइटों के बारे में यह जानना महत्वपूर्ण है:

- इस वेबपेज असेंबली प्रक्रिया के चरण पृष्ठ लोड समय को प्रभावित कर सकते हैं, और गति न केवल उपयोगकर्ताओं को आपकी साइट पर बनाए रखने के लिए महत्वपूर्ण है, बल्कि यह Google के रैंकिंग कारकों में से एक भी है।
- Google जावास्क्रिप्ट जैसे कुछ संसाधनों को " <u>सेकंड पास</u> " पर <u>प्रस्तुत करता है</u> । Google पहले जावास्क्रिप्ट के बिना पेज को देखेगा, फिर कुछ दिनों से कुछ हफ्तों बाद, यह जावास्क्रिप्ट को प्रस्तुत करेगा, जिसका अर्थ है कि एसईओ-महत्वपूर्ण तत्व जो जावास्क्रिप्ट का उपयोग करके पेज में जोड़े जाते हैं, उन्हें अनुक्रमित नहीं किया जा सकता है।

कल्पना कीजिए कि वेबसाइट लोड करने की प्रक्रिया आपके काम पर जाने की यात्रा है। आप घर पर तैयार हो जाते हैं, कार्यालय लाने के लिए अपना सामान इकट्ठा करते हैं , और फिर अपने घर से अपने काम के लिए सबसे तेज़ रास्ता अपनाते हैं। अपने जूते में से सिर्फ एक को रखना, काम करने के लिए लंबा रास्ता तय करना, कार्यालय में अपनी

चीजें छोड़ना, फिर अपना दूसरा जूता लेने के लिए तुरंत घर लौटना मूर्खतापूर्ण होगा, है ना? अक्षम वेबसाइटें ऐसा ही करती हैं। यह अध्याय आपको सिखाएगा कि कैसे पता लगाया जाए कि आपकी वेबसाइट कहां अक्षम हो सकती है, आप इसे कारगर बनाने के लिए क्या कर सकते हैं, और आपकी रैंकिंग और उपयोगकर्ता अनुभव पर सकारात्मक प्रभाव जो उस सुव्यवस्थित करने के परिणामस्वरूप हो सकते हैं।

किसी वेबसाइट तक पहुँचने से पहले, इसे स्थापित करने की आवश्यकता है!

1. डोमेन नाम खरीदा जाता है। **Moz.com** जैसे डोमेन नाम GoDaddy या HostGator जैसे डोमेन नाम रजिस्ट्रार से खरीदे जाते हैं। ये रजिस्ट्रार केवल ऐसे संगठन हैं जो डोमेन नामों के आरक्षण का प्रबंधन करते हैं।

2. डोमेन नाम आईपी एड्रेस से जुड़ा होता है। इंटरनेट डोमेन नाम सर्वर (डीएनएस) की मदद के बिना "moz.com" जैसे नामों को वेबसाइट के पते के रूप में नहीं समझता है। इंटरनेट संख्याओं की एक श्रृंखला का उपयोग करता है जिसे इंटरनेट प्रोटोकॉल (आईपी) पता (उदा: 127.0.0.1) कहा जाता है, लेकिन हम moz.com जैसे नामों का उपयोग करना चाहते हैं क्योंकि वे मनुष्यों के लिए याद रखना आसान है। हमें उन मानव-पठनीय नामों को मशीन-पठनीय संख्याओं से जोड़ने के लिए एक DNS का उपयोग करने की आवश्यकता है।

एक वेबसाइट सर्वर से ब्राउज़र तक कैसे पहुंचती है

1. उपयोगकर्ता डोमेन का अनुरोध करता है। अब जबकि नाम DNS के माध्यम से एक आईपी पते से जुड़ा हुआ है, लोग सीधे अपने ब्राउज़र में डोमेन नाम टाइप करके या वेबसाइट के लिंक पर क्लिक करके वेबसाइट का अनुरोध कर सकते हैं।

2. ब्राउज़र अनुरोध करता है। वेब पेज के लिए वह अनुरोध ब्राउज़र को डोमेन नाम को उसके आईपी पते में बदलने के लिए DNS लुकअप अनुरोध करने के लिए प्रेरित करता है। ब्राउज़र तब सर्वर से उस कोड के लिए अनुरोध करता है जिसके साथ आपका वेब पेज बनाया गया है, जैसे HTML, CSS और जावास्क्रिप्ट।

3. सर्वर संसाधन भेजता है। एक बार जब सर्वर को वेबसाइट के लिए अनुरोध प्राप्त हो जाता है, तो यह वेबसाइट फाइलों को खोजकर्ता के ब्राउज़र में इकट्ठा करने के लिए भेजता है।

4. **ब्राउज़र वेब पेज को असेंबल करता है।** ब्राउज़र को अब सर्वर से संसाधन प्राप्त हो गए हैं, लेकिन इसे अभी भी सभी को एक साथ रखने और वेब पेज को रेंडर करने की आवश्यकता है ताकि उपयोगकर्ता इसे अपने ब्राउज़र में देख सके। चूंकि ब्राउज़र सभी वेब पेज के संसाधनों को पार्स और व्यवस्थित करता है, यह एक दस्तावेज़ ऑब्जेक्ट मॉडल (डीओएम) बना रहा है। जब आप अपने क्रोम ब्राउज़र में किसी वेब पेज पर राइट क्लिक करते हैं और "तत्व का निरीक्षण करते हैं" तो DOM वह है जिसे आप देख सकते हैं (जानें कि <u>अन्य ब्राउज़रों में तत्वों का निरीक्षण कैसे करें</u>)।

5. **ब्राउज़र अंतिम अनुरोध करता है।** सभी पेज के आवश्यक कोड डाउनलोड, पार्स और निष्पादित होने के बाद ब्राउज़र केवल एक वेब पेज दिखाएगा, इसलिए इस बिंदु पर, यदि आपकी वेबसाइट को दिखाने के लिए ब्राउज़र को किसी अतिरिक्त कोड की आवश्यकता है, तो यह आपके सर्वर से एक अतिरिक्त अनुरोध करेगा .

6. **वेबसाइट ब्राउज़र में दिखाई देती है।** वाह! आखिरकार, आपकी वेबसाइट अब कोड से बदल कर (रेंडर) कर दी गई है जो आप अपने ब्राउज़र में देखते हैं।

अपने डेवलपर्स से *async* के बारे में बात करें !

async " पर सेट करके महत्वपूर्ण रेंडरिंग पथ को छोटा कर रहा है, जब उन्हें फोल्ड के ऊपर सामग्री प्रस्तुत करने की आवश्यकता नहीं होती है, जिससे आपके वेब पेज तेजी से लोड हो सकते हैं। Async DOM को बताता है कि जब तक ब्राउज़र आपके वेब पेज को प्रदर्शित करने के लिए आवश्यक स्क्रिप्ट प्राप्त कर रहा हो, तब तक इसे असेंबल करना जारी रखा जा सकता है। यदि ब्राउज़र द्वारा हर बार स्क्रिप्ट प्राप्त करने पर DOM को असेंबली को रोकना पड़ता है (जिसे "रेंडर-ब्लॉकिंग स्क्रिप्ट" कहा जाता है), तो यह आपके पेज लोड को काफी हद तक धीमा कर सकता है। यह ऐसा होगा जैसे अपने दोस्तों के साथ खाने के लिए बाहर जाना और हर बार जब आप में से कोई एक काउंटर पर ऑर्डर करने के लिए जाता है, तो बातचीत को रोकना पड़ता है, केवल एक बार वापस आने के बाद ही फिर से शुरू होता है। async के साथ , आप और आपके मित्र तब भी चैट करना जारी रख सकते हैं, जब आप में से कोई एक ऑर्डर कर रहा हो। आप अन्य अनुकूलन भी लाना चाह सकते हैं जिन्हें देव महत्वपूर्ण प्रतिपादन पथ को छोटा करने के लिए लागू कर सकते हैं, जैसे कि पुरानी ट्रैकिंग स्क्रिप्ट की तरह अनावश्यक स्क्रिप्ट को पूरी तरह से हटाना।

अब जब आप जानते हैं कि ब्राउज़र में वेबसाइट कैसे दिखाई देती है, तो हम इस बात पर ध्यान केंद्रित करने जा रहे हैं कि वेबसाइट *किससे* बनी है - दूसरे शब्दों में, उन वेब पेजों को बनाने के लिए इस्तेमाल किया जाने वाला कोड (प्रोग्रामिंग भाषाएं)।

तीन सबसे आम हैं:

- HTML - वेबसाइट क्या कहती है (शीर्षक, शरीर सामग्री, आदि)
- CSS - वेबसाइट कैसी दिखती है (रंग , फॉंट, आदि)
- जावास्क्रिप्ट - यह कैसे व्यवहार करता है (संवादात्मक, गतिशील, आदि)

<u>एलेक्सिस सैंडर्स</u> के शानदार उदाहरण से प्रेरित थी *: अपने बॉट अनुभव को अपने उपयोगकर्ता अनुभव के रूप में अच्छा बनाना*

HTML: वेबसाइट क्या कहती है

HTML हाइपरटेक्स्ट मार्कअप लैंग्वेज के लिए है, और यह एक वेबसाइट की रीढ़ के रूप में कार्य करता है। शीर्षक, पैराग्राफ, सूचियाँ और सामग्री जैसे तत्व सभी HTML में परिभाषित हैं।

यहां एक वेबपेज का उदाहरण दिया गया है और उसका संबंधित HTML कैसा दिखता है:

<u>W3schools.com</u> का एक स्क्रीनशॉट है , जो HTML, CSS और जावास्क्रिप्ट सीखने और अभ्यास करने के लिए हमारी पसंदीदा जगह है।

SEO के लिए HTML जानना महत्वपूर्ण है क्योंकि यह वह है जो उनके द्वारा बनाए गए या काम करने वाले किसी भी पेज के "हुड के नीचे" रहता है। जबकि आपके सीएमएस के लिए आपको HTML में अपने पृष्ठ लिखने की आवश्यकता नहीं है (उदा: "हाइपरलिंक" का चयन करने से आप "a href =" टाइप किए बिना एक लिंक बना सकते हैं), यह वही है जो आप प्रत्येक को संशोधित कर रहे हैं जब आप वेब पेज पर कुछ करते हैं जैसे सामग्री जोड़ना, आंतरिक लिंक के एंकर टेक्स्ट को बदलना, और इसी तरह। आपका दस्तावेज़ किसी विशेष क्वेरी के लिए कितना प्रासंगिक है, यह निर्धारित करने के लिए Google इन HTML तत्वों को क्रॉल करता है। दूसरे शब्दों में, आपके HTML में क्या है, यह आपके वेब पेज को Google ऑर्गेनिक खोज में रैंक करने में बहुत बड़ी भूमिका निभाता है!

CSS: वेबसाइट कैसी दिखती है

CSS का अर्थ "कैस्केडिंग स्टाइल शीट" है और यही कारण है कि आपके वेब पेज कुछ फॉंट, रंग और लेआउट पर ले जाते हैं। HTML को सामग्री का वर्णन करने के लिए बनाया गया था, न कि इसे स्टाइल करने के लिए, इसलिए जब CSS ने दृश्य में प्रवेश किया, तो यह एक गेम-चेंजर था। CSS के साथ, प्रत्येक पृष्ठ के HTML में शैलियों की मैन्युअल कोडिंग की आवश्यकता के बिना वेब पेजों को "सुशोभित" किया जा सकता है - एक बोझिल प्रक्रिया, विशेष रूप से बड़ी साइटों के लिए।

यह 2014 तक नहीं था कि Google की अनुक्रमण प्रणाली ने वेब पेजों को एक वास्तविक ब्राउज़र की तरह अधिक प्रस्तुत करना शुरू कर दिया, जैसा कि केवल-पाठ ब्राउज़र के विपरीत था। एक ब्लैक-हैट एसईओ अभ्यास जिसने Google की पुरानी अनुक्रमण प्रणाली को भुनाने की कोशिश की, खोज इंजन रैंकिंग में हेरफेर करने के उद्देश्य से सीएसएस के माध्यम से पाठ और लिंक छिपा रहा था। यह "छिपे हुए टेक्स्ट और लिंक" अभ्यास Google के गुणवत्ता दिशानिर्देशों का उल्लंघन है।

CSS के घटक जिनका SEO, विशेष रूप से, ध्यान रखना चाहिए:

- चूंकि शैली निर्देश आपके पृष्ठ के HTML के बजाय बाहरी स्टाइलशीट फ़ाइलों (CSS फ़ाइलों) में रह सकते हैं, यह आपके पृष्ठ को कम कोड-भारी बनाता है, फ़ाइल स्थानांतरण आकार को कम करता है और लोड समय को तेज़ बनाता है।
- ब्राउज़रों को अभी भी आपकी सीएसएस फ़ाइल जैसे संसाधनों को डाउनलोड करना है, इसलिए उन्हें संपीड़ित करने से आपके वेबपृष्ठ तेज़ी से लोड हो सकते हैं, और पृष्ठ गति एक रैंकिंग कारक है।
- आपके पृष्ठ कोड-भारी से अधिक सामग्री-भारी होने से आपकी साइट की सामग्री का बेहतर अनुक्रमण हो सकता है।
- लिंक और सामग्री को छिपाने के लिए CSS का उपयोग करने से आपकी वेबसाइट को मैन्युअल रूप से दंडित किया जा सकता है और Google की अनुक्रमणिका से हटाया जा सकता है।

जावास्क्रिप्ट: वेबसाइट कैसे व्यवहार करती है

इंटरनेट के शुरुआती दिनों में वेबपेज HTML से बनाए जाते थे। जब CSS साथ आया, तो वेबपेज सामग्री में कुछ शैली लेने की क्षमता थी। जब प्रोग्रामिंग भाषा जावास्क्रिप्ट ने दृश्य में प्रवेश किया, तो वेबसाइटों में अब न केवल संरचना और शैली हो सकती है, बल्कि वे गतिशील भी हो सकती हैं।

जावास्क्रिप्ट ने गैर-स्थिर वेब पेज निर्माण के लिए बहुत सारे अवसर खोले हैं। जब कोई इस प्रोग्रामिंग भाषा के साथ उन्नत पृष्ठ तक पहुंचने का प्रयास करता है, तो उस उपयोगकर्ता का ब्राउज़र सर्वर द्वारा लौटाए गए स्थिर HTML के विरुद्ध जावास्क्रिप्ट को निष्पादित करेगा, जिसके परिणामस्वरूप एक वेबपेज जो किसी प्रकार की अन्तरक्रियाशीलता के साथ जीवन में आता है।

आपने निश्चित रूप से जावास्क्रिप्ट को कार्य करते हुए देखा है — शायद आप इसे नहीं जानते होंगे! ऐसा इसलिए है क्योंकि जावास्क्रिप्ट किसी पृष्ठ पर लगभग कुछ भी कर सकता है। यह एक पॉप-अप बना सकता है, उदाहरण के लिए, या यह आपके पृष्ठ पर

प्रदर्शित होने वाले विज्ञापनों जैसे तृतीय-पक्ष संसाधनों का अनुरोध कर सकता है।

क्लाइंट-साइड रेंडरिंग बनाम सर्वर-साइड रेंडरिंग

जावास्क्रिप्ट एसईओ के लिए कुछ समस्याएं पैदा कर सकता है, हालांकि, चूंकि खोज इंजन जावास्क्रिप्ट को उसी तरह नहीं देखते हैं जैसे मानव आगंतुक करते हैं। यह क्लाइंट-साइड बनाम सर्वर-साइड रेंडरिंग के कारण है। अधिकांश जावास्क्रिप्ट क्लाइंट के ब्राउज़र में निष्पादित होते हैं। दूसरी ओर, सर्वर-साइड रेंडरिंग के साथ, फ़ाइलों को सर्वर पर निष्पादित किया जाता है और सर्वर उन्हें पूरी तरह से प्रदान की गई स्थिति में ब्राउज़र को भेजता है।

एसईओ-महत्वपूर्ण पृष्ठ तत्व जैसे टेक्स्ट, लिंक और टैग जो क्लाइंट के पक्ष में जावास्क्रिप्ट के साथ लोड होते हैं, आपके एचटीएमएल में प्रदर्शित होने के बजाय, आपके पेज के कोड से तब तक अदृश्य रहते हैं जब तक कि वे रेंडर नहीं हो जाते। इसका मतलब है कि खोज इंजन क्रॉलर यह नहीं देख पाएंगे कि आपके जावास्क्रिप्ट में क्या है - कम से कम शुरुआत में तो नहीं।

Google का कहना है कि, जब तक आप Googlebot को अपनी JavaScript फ़ाइलों को क्रॉल करने से नहीं रोक रहे हैं, तब तक वे आम तौर पर ब्राउज़र की तरह आपके वेब पेजों को प्रस्तुत करने और समझने में सक्षम होते हैं, जिसका अर्थ है कि Googlebot को वही चीज़ें देखनी चाहिए जो उपयोगकर्ता देख रहे हैं उनके ब्राउज़र में एक साइट। हालांकि, क्लाइंट-साइड जावास्क्रिप्ट के लिए " इंडेक्सिंग की दूसरी लहर " के कारण , Google कुछ ऐसे तत्वों को याद कर सकता है जो केवल एक बार जावास्क्रिप्ट निष्पादित होने के बाद उपलब्ध होते हैं।

कुछ अन्य चीजें भी हैं जो आपके वेब पेजों को प्रस्तुत करने की Googlebot की प्रक्रिया के दौरान गलत हो सकती हैं, जो Google को यह समझने से रोक सकती हैं कि आपके जावास्क्रिप्ट में क्या है:

- आपने Googlebot को JavaScript संसाधनों से अवरुद्ध कर दिया है (उदा: robots.txt के साथ, जैसा कि हमने सीखा है)
- आपका सर्वर आपकी सामग्री को क्रॉल करने के सभी अनुरोधों को संभाल नहीं सकता
- Googlebot को समझने के लिए JavaScript बहुत जटिल या पुरानी है
- जब तक क्रॉलर पृष्ठ के साथ समाप्त नहीं कर लेता और आगे नहीं बढ़ जाता, तब तक जावास्क्रिप्ट पृष्ठ में सामग्री को "आलसी लोड" नहीं करता है।

कहने की जरूरत नहीं है, जबकि जावास्क्रिप्ट वेब पेज निर्माण के लिए बहुत सारी संभावनाएं खोलता है, अगर आप सावधान नहीं हैं तो आपके एसईओ के लिए इसके कुछ गंभीर प्रभाव भी हो सकते हैं।

शुक्र है, यह जांचने का एक तरीका है कि क्या Google आपके आगंतुकों के समान ही देखता है। किसी पृष्ठ को देखने के लिए कि Googlebot आपके पृष्ठ को कैसे देखता है, Google खोज कंसोल के "यूआरएल निरीक्षण" टूल का उपयोग करें। बस अपने पेज का यूआरएल जीएससी सर्च बार में पेस्ट करें: यहां से, "टेस्ट लाइव यूआरएल" पर क्लिक करें।

Googlebot द्वारा आपके URL को फिर से क्रॉल करने के बाद , यह देखने के लिए कि आपका पृष्ठ कैसे क्रॉल और रेंडर किया जा रहा है, "परीक्षित पृष्ठ देखें" पर क्लिक करें।

"एचटीएमएल" के बगल में "स्क्रीनशॉट" टैब पर क्लिक करने से पता चलता है कि Googlebot स्मार्टफोन आपके पृष्ठ को कैसे प्रस्तुत करता है।

बदले में, आप देखेंगे कि Googlebot आपके पृष्ठ को कैसे देखता है बनाम कैसे एक आगंतुक (या आप) पृष्ठ को देख सकता है। "अधिक जानकारी" टैब में, Google आपको उन संसाधनों की एक सूची भी दिखाएगा जो वे आपके द्वारा दर्ज किए गए URL के लिए प्राप्त करने में सक्षम नहीं हो सकते हैं।

वेबसाइटों के काम करने के तरीके को समझना हम आगे किस बारे में बात करेंगे, इसके लिए एक अच्छी नींव रखता है: आपकी वेबसाइट के पेजों को बेहतर ढंग से समझने में Google की मदद करने के लिए तकनीकी अनुकूलन।

सर्च इंजन वेबसाइटों को कैसे समझते हैं

एक केक बेक करने के तरीके के बारे में 10,000-शब्द के लेख को स्कैन करने वाला एक खोज इंजन क्रॉलर होने की कल्पना करें। आप केक को बेक करने के लिए आवश्यक लेखक, नुस्खा, सामग्री या चरणों की पहचान कैसे करते हैं? यह वह जगह है जहां स्कीमा मार्कअप आता है। यह आपको खोज इंजनों को आपके पृष्ठ पर किस प्रकार की जानकारी के लिए अधिक विशिष्ट वर्गीकरणों को चम्मच-फ़ीड करने की अनुमति देता है।

स्कीमा आपकी सामग्री को लेबल या व्यवस्थित करने का एक तरीका है ताकि खोज इंजनों को यह बेहतर समझ हो कि आपके वेब पेजों के कुछ तत्व क्या हैं। यह कोड आपके डेटा को संरचना प्रदान करता है, यही वजह है कि स्कीमा को अक्सर "संरचित डेटा" कहा जाता है। आपके डेटा को संरचित करने की प्रक्रिया को अक्सर " मार्कअप " के रूप में संदर्भित किया जाता है क्योंकि आप अपनी सामग्री को संगठनात्मक कोड के साथ चिह्नित कर रहे हैं।

JSON-LD Google का पसंदीदा स्कीमा मार्कअप (मई '16 में घोषित) है, जिसका बिंग भी समर्थन करता है। हज़ारों उपलब्ध स्कीमा मार्कअप की पूरी सूची देखने के लिए, Schema.org पर जाएं या स्ट्रक्चर्ड डेटा को लागू करने के तरीके के बारे में अतिरिक्त जानकारी के लिए Google Developers का स्ट्रक्चर्ड डेटा का परिचय देखें. अपने वेब पेजों के लिए सबसे उपयुक्त संरचित डेटा लागू करने के बाद, आप Google के संरचित डेटा

परीक्षण उपकरण के साथ अपने मार्कअप का परीक्षण कर सकते हैं ।

Google जैसे बॉट्स को यह समझने में मदद करने के अलावा कि कोई विशेष सामग्री किस बारे में है, स्कीमा मार्कअप SERPs में आपके पृष्ठों के साथ विशेष सुविधाएँ भी सक्षम कर सकता है। इन विशेष सुविधाओं को "समृद्ध स्निपेट्स" के रूप में संदर्भित किया जाता है और आपने शायद उन्हें कार्य करते हुए देखा होगा। वे चीजें हैं जैसे :

- शीर्ष कहानियां हिंडोला
- समीक्षा सितारे
- साइटलिंक खोज बॉक्स
- व्यंजनों

याद रखें, संरचित डेटा का उपयोग करने से किसी रिच स्निपेट को मौजूद रहने में मदद मिल सकती है, लेकिन इसकी गारंटी नहीं है. भविष्य में अन्य प्रकार के रिच स्निपेट जोड़े जाने की संभावना है क्योंकि स्कीमा मार्कअप का उपयोग बढ़ता है।

स्कीमा सफलता के लिए सलाह के कुछ अंतिम शब्द:

- एक पृष्ठ पर कई प्रकार के स्कीमा मार्कअप का उपयोग कर सकते हैं। हालांकि, यदि आप उदाहरण के लिए उत्पाद की तरह एक तत्व को चिह्नित करते हैं, और पृष्ठ पर सूचीबद्ध अन्य उत्पाद हैं, तो आपको उन उत्पादों को भी चिह्नित करना होगा।
- चिह्नित न करें जो आगंतुकों को दिखाई न दे और Google के गुणवत्ता दिशानिर्देशों का पालन करें । उदाहरण के लिए, यदि आप किसी पृष्ठ पर समीक्षा संरचित मार्कअप जोड़ते हैं , तो सुनिश्चित करें कि वे समीक्षाएं वास्तव में उस पृष्ठ पर दिखाई दे रही हैं।
- अगर आपके पास डुप्लीकेट पेज हैं, तो Google आपको हर डुप्लीकेट पेज को अपने स्ट्रक्चर्ड मार्कअप से मार्कअप करने के लिए कहता है , न कि केवल कैननिकल वर्जन से।
- अपने संरचित डेटा पृष्ठों पर मूल और अद्यतन (यदि लागू हो) सामग्री प्रदान करें ।
- संरचित मार्कअप आपके पृष्ठ का सटीक प्रतिबिंब होना चाहिए।
- अपनी सामग्री के लिए सबसे विशिष्ट प्रकार के स्कीमा मार्कअप का उपयोग करने का प्रयास करें ।
- व्यवसाय द्वारा चिह्नित समीक्षाएं नहीं लिखी जानी चाहिए। वे वास्तविक ग्राहकों से वास्तविक अवैतनिक व्यावसायिक समीक्षा होनी चाहिए।

कैनोनिकलाइज़ेशन के साथ सर्च इंजन को अपने पसंदीदा पेजों के बारे में बताएं

जब Google अलग-अलग वेब पेजों पर एक ही सामग्री को क्रॉल करता है, तो कभी-कभी यह नहीं पता होता है कि खोज परिणामों में किस पेज को इंडेक्स करना है। यही कारण है कि rel = "कैनोनिकल" टैग का आविष्कार किया गया था: खोज इंजनों को सामग्री के पसंदीदा संस्करण को बेहतर ढंग से अनुक्रमित करने में मदद करने के लिए और इसके सभी डुप्लिकेट नहीं।

rel = "कैनोनिकल" टैग आपको खोज इंजन को यह बताने की अनुमति देता है कि सामग्री के एक टुकड़े का मूल, मास्टर संस्करण कहाँ स्थित है। आप अनिवार्य रूप से कह रहे हैं, "अरे खोज इंजन! इसे अनुक्रमित न करें, इसके बजाय इस *स्रोत पृष्ठ* को *अनुक्रमित करें।*" इसलिए, यदि आप सामग्री के किसी भाग को पुनर्प्रकाशित करना चाहते हैं, चाहे वह बिल्कुल संशोधित हो या थोड़ा संशोधित, लेकिन डुप्लिकेट सामग्री बनाने का जोखिम नहीं उठाना चाहते, तो दिन बचाने के लिए कैननिकल टैग यहां है।

उचित विहितीकरण यह सुनिश्चित करता है कि आपकी वेबसाइट की प्रत्येक अनूठी सामग्री में केवल एक URL हो। खोज इंजन को एक पृष्ठ के अनेक संस्करणों को अनुक्रमित करने से रोकने के लिए, Google आपकी साइट के प्रत्येक पृष्ठ पर एक स्व-संदर्भित विहित टैग रखने की अनुशंसा करता है। Google को यह बताए बिना कि आपके वेब पेज का कौन सा संस्करण पसंदीदा है, https://www.example.com को डुप्लिकेट बनाकर https://example.com से अलग से अनुक्रमित किया जा सकता है।

"डुप्लिकेट सामग्री से बचें" एक इंटरनेट सत्यवाद है, और अच्छे कारण के लिए! Google साइटों को अद्वितीय, मूल्यवान सामग्री से पुरस्कृत करना चाहता है — न कि ऐसी सामग्री जो अन्य स्रोतों से ली गई है और कई पृष्ठों पर दोहराई गई है। क्योंकि इंजन सर्वश्रेष्ठ खोजकर्ता अनुभव प्रदान करना चाहते हैं, वे शायद ही कभी एक ही सामग्री के कई संस्करण दिखाएंगे, इसके बजाय केवल कैननिकल संस्करण दिखाने के लिए, या यदि कोई कैननिकल टैग मौजूद नहीं है, तो जो भी संस्करण वे सबसे अधिक मूल होने की संभावना रखते हैं।

सामग्री फ़िल्टरिंग और सामग्री दंड के बीच अंतर करना

डुप्लिकेट कंटेंट पेनल्टी जैसी कोई चीज नहीं है। हालांकि, जब भी संभव हो, आपको rel = "canonical" टैग का उपयोग करके डुप्लीकेट सामग्री को अनुक्रमण संबंधी समस्याएं पैदा करने से रोकने का प्रयास करना चाहिए। जब किसी पृष्ठ के डुप्लीकेट मौजूद होते हैं, तो Google एक विहित का चयन करेगा और अन्य को खोज परिणामों से फ़िल्टर कर देगा। इसका मतलब यह नहीं है कि आपको दंडित किया गया है। इसका सीधा सा मतलब है कि

Google आपकी सामग्री का केवल एक संस्करण दिखाना चाहता है।

सॉर्ट और फ़िल्टर विकल्पों के कारण वेबसाइटों के लिए एकाधिक डुप्लिकेट पृष्ठ होना भी बहुत आम है। उदाहरण के लिए, किसी ई-कॉमर्स साइट पर, आपके पास एक पहलू वाला नेविगेशन हो सकता है जो विज़िटर को उत्पादों को सटीक रूप से ढूंढने की अनुमति देता है, जैसे "क्रमबद्ध करें" सुविधा जो उत्पाद श्रेणी पर परिणामों को पुन: व्यवस्थित करती है न्यूनतम से उच्चतम मूल्य तक पृष्ठ। यह एक ऐसा URL बना सकता है जो कुछ इस तरह दिखाई देता है: example.com/ mens-shirts ?sort = price_ascending । रंग , आकार, सामग्री, ब्रांड इत्यादि जैसे अधिक सॉर्ट/फ़िल्टर विकल्पों में जोड़ें और अपने मुख्य उत्पाद श्रेणी पृष्ठ की सभी विविधताओं के बारे में सोचें जो इसे बनाएगा!

विभिन्न प्रकार की डुप्लिकेट सामग्री के बारे में अधिक जानने के लिए, डॉ पीट की यह पोस्ट विभिन्न बारीकियों को दूर करने में मदद करती है।

उपयोगकर्ता वेबसाइटों के साथ कैसे इंटरैक्ट करते हैं

अध्याय 1 में, हमने कहा था कि SEO सर्च इंजन ऑप्टिमाइजेशन के लिए खड़ा होने के बावजूद, SEO लोगों के बारे में उतना ही है जितना कि यह खुद सर्च इंजन के बारे में है। ऐसा इसलिए है क्योंकि खोज इंजन खोजकर्ताओं की सेवा के लिए मौजूद हैं। यह लक्ष्य यह समझाने में मदद करता है कि Google का एल्गोरिदम उन वेबसाइटों को पुरस्कृत क्यों करता है जो खोजकर्ताओं के लिए सर्वोत्तम संभव अनुभव प्रदान करती हैं, और क्यों कुछ वेबसाइटें, मजबूत बैकलिंक प्रोफाइल जैसे गुण होने के बावजूद, खोज में अच्छा प्रदर्शन नहीं कर सकती हैं।

जब हम समझते हैं कि उनके वेब ब्राउज़िंग अनुभव को क्या इष्टतम बनाता है, तो हम अधिकतम खोज प्रदर्शन के लिए उन अनुभवों को बना सकते हैं।

अपने मोबाइल विज़िटर के लिए सकारात्मक अनुभव सुनिश्चित करना

चूंकि आज आधे से अधिक वेब ट्रैफ़िक मोबाइल से आता है, इसलिए यह कहना सुरक्षित है कि आपकी वेबसाइट मोबाइल विज़िटर के लिए पहुंच योग्य और नेविगेट करने में आसान होनी चाहिए। अप्रैल 2015 में, Google ने अपने एल्गोरिथम के लिए एक अपडेट शुरू किया जो गैर-मोबाइल-अनुकूल पृष्ठों पर मोबाइल-अनुकूल पृष्ठों को बढ़ावा देगा। तो आप कैसे सुनिश्चित कर सकते हैं कि आपकी वेबसाइट मोबाइल के अनुकूल है? यद्यपि आपकी वेबसाइट को मोबाइल के लिए कॉन्फ़िगर करने के तीन मुख्य तरीके हैं, Google उत्तरदायी वेब डिज़ाइन की अनुशंसा करता है ।

प्रभावी डिजाइन

उत्तरदायी वेबसाइटों को आपके विज़िटर द्वारा उपयोग किए जा रहे किसी भी प्रकार के उपकरण की स्क्रीन पर फ़िट होने के लिए डिज़ाइन किया गया है। आप वेब पेज को डिवाइस के आकार के अनुसार "प्रतिक्रिया" करने के लिए CSS का उपयोग कर सकते हैं। यह आदर्श है क्योंकि यह आगंतुकों को आपके पृष्ठों पर सामग्री देखने के लिए डबल-टैप या पिंच-एंड-ज़ूम करने से रोकता है। सुनिश्चित नहीं हैं कि आपके वेब पेज मोबाइल के अनुकूल हैं या नहीं? जांचने के लिए आप Google के मोबाइल-अनुकूल परीक्षण का उपयोग कर सकते हैं!

एम्प

AMP का अर्थ त्वरित मोबाइल पृष्ठ है, और इसका उपयोग मोबाइल विज़िटर को सामग्री वितरित करने के लिए गैर-AMP वितरण की तुलना में बहुत अधिक गति से किया जाता है। एएमपी सामग्री को इतनी तेजी से वितरित करने में सक्षम है क्योंकि यह अपने कैश सर्वर (मूल साइट नहीं) से सामग्री वितरित करता है और एचटीएमएल और जावास्क्रिप्ट के एक विशेष एएमपी संस्करण का उपयोग करता है।

मोबाइल-प्रथम अनुक्रमण

2018 तक, Google ने वेबसाइटों को मोबाइल-फर्स्ट इंडेक्सिंग पर स्विच करना शुरू कर दिया। उस परिवर्तन ने मोबाइल-मित्रता और मोबाइल-प्रथम के बीच कुछ भ्रम पैदा किया, इसलिए इसे स्पष्ट करना उपयोगी है। मोबाइल-प्रथम अनुक्रमण के साथ, Google आपके वेब पृष्ठों के मोबाइल संस्करण को क्रॉल और अनुक्रमित करता है। अपनी वेबसाइट को मोबाइल स्क्रीन के अनुकूल बनाना उपयोगकर्ताओं और खोज में आपके प्रदर्शन के लिए अच्छा है, लेकिन मोबाइल-प्रथम अनुक्रमण मोबाइल-मित्रता से स्वतंत्र रूप से होता है।

इसने उन वेबसाइटों के लिए कुछ चिंताएं बढ़ा दी हैं जिनमें मोबाइल और डेस्कटॉप संस्करणों के बीच समानता की कमी है, जैसे कि उनके मोबाइल दृश्य पर विभिन्न सामग्री, नेविगेशन, लिंक आदि दिखाना। उदाहरण के लिए, विभिन्न लिंक वाली एक मोबाइल साइट, Googlebot (मोबाइल) द्वारा आपकी साइट को क्रॉल करने और आपके अन्य पृष्ठों पर लिंक इक्विटी भेजने के तरीके को बदल देगी।

आगंतुक हताशा को कम करने के लिए पृष्ठ गति में सुधार

Google ऐसी सामग्री परोसना चाहता है जो खोजकर्ताओं के लिए बिजली की तेज़ी से लोड हो। हम तेजी से लोड होने वाले परिणामों की अपेक्षा करने लगे हैं, और जब हम उन्हें प्राप्त नहीं करते हैं, तो हम बेहतर, तेज़ पृष्ठ की तलाश में तुरंत SERP पर वापस लौट आएंगे। यही कारण है कि पृष्ठ गति ऑन-साइट एसईओ का एक महत्वपूर्ण पहलू है। हम नीचे बताए गए टूल जैसे टूल का लाभ उठाकर अपने वेब पेजों की गति में सुधार कर सकते हैं। प्रत्येक के बारे में अधिक जानने के लिए लिंक पर क्लिक करें।

- Google का पेजस्पीड इनसाइट्स टूल और सर्वोत्तम अभ्यास दस्तावेजीकरण

- स्पीड टूल्स के बारे में कैसे सोचें
- GTMetrix
- Google का मोबाइल वेबसाइट गति और प्रदर्शन परीक्षक
- गूगल लाइटहाउस
- क्रोम देवटूल और ट्यूटोरियल

छवियां धीमे पृष्ठों के मुख्य दोषियों में से एक हैं!

जैसा कि अध्याय 4 में चर्चा की गई है, छवियां वेब पेजों के धीमे लोड होने के नंबर एक कारणों में से एक हैं! छवि संपीड़न के अलावा, छवि वैकल्पिक पाठ को अनुकूलित करना, सही छवि प्रारूप का चयन करना, और छवि साइटमैप सबमिट करना, आपके उपयोगकर्ताओं को छवियों को दिखाए जाने की गति और तरीके को अनुकूलित करने के अन्य तकनीकी तरीके हैं। छवि वितरण को बेहतर बनाने के कुछ प्राथमिक तरीके इस प्रकार हैं:

1. एसआरसीएसईटी: प्रत्येक डिवाइस के लिए सर्वश्रेष्ठ छवि आकार कैसे प्रदान करें

SRCSET विशेषता आपको अपनी छवि के कई संस्करण रखने की अनुमति देती है और फिर निर्दिष्ट करती है कि विभिन्न स्थितियों में किस संस्करण का उपयोग किया जाना चाहिए। विशिष्ट आकार के उपकरणों के लिए अद्वितीय चित्र प्रदान करने के लिए कोड का यह टुकड़ा < img > टैग (जहां आपकी छवि HTML में स्थित है) में जोड़ा जाता है।

यह उत्तरदायी डिजाइन की अवधारणा की तरह है जिसकी हमने पहले चर्चा की थी, छवियों को छोड़कर!

यह न केवल आपके छवि लोड समय को तेज करता है, बल्कि विभिन्न डिवाइस प्रकारों के लिए अलग-अलग और इष्टतम छवियां प्रदान करके आपके ऑन-पेज उपयोगकर्ता अनुभव को बढ़ाने का एक अनूठा तरीका भी है।

केवल तीन से अधिक छवि आकार संस्करण हैं!

यह एक आम गलत धारणा है कि आपको बस अपनी छवि के डेस्कटॉप, टैबलेट और मोबाइल आकार के संस्करण की आवश्यकता है। स्क्रीन आकार और रिज़ॉल्यूशन की एक विशाल विविधता है।

2. आगंतुकों को दिखाएं कि आलसी लोडिंग के साथ छवि लोडिंग प्रगति पर है

आलसी लोडिंग तब होती है जब आप किसी वेबपेज पर जाते हैं और छवि के स्थान के लिए रिक्त सफेद स्थान देखने के बजाय, छवि का एक धुंधला हल्का संस्करण या उसके स्थान पर एक रंगीन बॉक्स दिखाई देता है, जबकि आसपास का टेक्स्ट लोड होता है। कुछ सेकंड के बाद, छवि स्पष्ट रूप से पूर्ण रिज़ॉल्यूशन में लोड हो जाती है। लोकप्रिय ब्लॉगिंग

प्लेटफॉर्म मीडियम यह वास्तव में अच्छा करता है।

निम्न रिज़ॉल्यूशन संस्करण को शुरू में लोड किया जाता है, और फिर पूर्ण उच्च रिज़ॉल्यूशन संस्करण को लोड किया जाता है । यह आपके महत्वपूर्ण प्रतिपादन पथ को अनुकूलित करने में भी मदद करता है! इसलिए जब आपके सभी अन्य पृष्ठ संसाधन डाउनलोड किए जा रहे हैं, तो आप एक कम-रिज़ॉल्यूशन वाली टीज़र छवि दिखा रहे हैं जो उपयोगकर्ताओं को यह बताने में मदद करती है कि चीजें हो रही हैं/लोड हो रही हैं। आपको अपनी छवियों को आलसी लोड कैसे करना चाहिए, इस बारे में अधिक जानकारी के लिए, Google की आलसी लोडिंग मार्गदर्शन देखें ।

अपनी फ़ाइलों को संघनित और बंडल करके गति में सुधार करें

पेज स्पीड ऑडिट अक्सर "संसाधन को छोटा करें" जैसी सिफारिशें करेंगे, लेकिन इसका वास्तव में क्या मतलब है? लाइन ब्रेक और रिक्त स्थान जैसी चीजों को हटाकर , साथ ही जहां भी संभव हो कोड चर नामों को संक्षिप्त करके एक कोड फ़ाइल को छोटा करता है।

"बंडलिंग" एक अन्य सामान्य शब्द है जिसे आप पृष्ठ गति में सुधार के संदर्भ में सुनेंगे। बंडलिंग की प्रक्रिया एक ही कोडिंग भाषा फ़ाइलों के एक समूह को एक फ़ाइल में जोड़ती है। उदाहरण के लिए, किसी ब्राउज़र के लिए JavaScript फ़ाइलों की मात्रा को कम करने के लिए JavaScript फ़ाइलों के एक समूह को एक बड़ी फ़ाइल में रखा जा सकता है।

अपने वेब पेज के निर्माण के लिए आवश्यक फाइलों को छोटा और बंडल करके, आप अपनी वेबसाइट को गति देंगे और अपने HTTP (फ़ाइल) अनुरोधों की संख्या को कम करेंगे।

अंतरराष्ट्रीय दर्शकों के लिए अनुभव में सुधार

को सबसे प्रासंगिक अनुभव प्रदान करने के लिए अंतरराष्ट्रीय एसईओ सर्वोत्तम प्रथाओं से खुद को परिचित करना चाहिए । इन अनुकूलन के बिना, अंतर्राष्ट्रीय आगंतुकों को आपकी साइट के उस संस्करण को खोजने में कठिनाई हो सकती है जो उन्हें पूरा करता है।

किसी वेबसाइट का अंतर्राष्ट्रीयकरण करने के दो मुख्य तरीके हैं:

- **भाषा**
  साइटें जो कई भाषाओं के वक्ताओं को लक्षित करती हैं उन्हें बहुभाषी वेबसाइट माना जाता है। इन साइटों को कुछ जोड़ना चाहिए जिसे an . कहा जाता है hreflang टैग Google को यह दिखाने के लिए कि आपके पृष्ठ में किसी अन्य भाषा के लिए प्रतिलिपि है। hreflang के बारे में और जानें ।

- देश

की साइटें जो कई देशों में दर्शकों को लक्षित करती हैं, उन्हें बहु-क्षेत्रीय वेबसाइट कहा जाता है और उन्हें एक यूआरएल संरचना चुननी चाहिए जो उनके डोमेन या पृष्ठों को विशिष्ट देशों में लक्षित करना आसान बनाती है। इसमें कंट्री कोड टॉप लेवल डोमेन (ccTLD) जैसे ". ca " कनाडा के लिए, या कनाडा के लिए "example.com/ ca " जैसे देश-विशिष्ट सबफ़ोल्डर के साथ एक सामान्य शीर्ष-स्तरीय डोमेन (gTLD) ।

7

लिंक बिल्डिंग कैसे स्थापित करें

इनबाउंड लिंक्स , जिन्हें बैकलिंक्स या एक्सटर्नल लिंक्स के रूप में भी जाना जाता है , HTML हाइपरलिंक्स हैं जो एक वेबसाइट से दूसरी वेबसाइट की ओर इशारा करते हैं। वे इंटरनेट की मुद्रा हैं, क्योंकि वे वास्तविक जीवन की प्रतिष्ठा की तरह काम करते हैं। यदि आप छुट्टी पर गए और तीन लोगों (सभी एक दूसरे से पूरी तरह से असंबंधित) से पूछा कि शहर में सबसे अच्छी कॉफी शॉप कौन सी है, और वे सभी कहते हैं, "मेन स्ट्रीट पर कुप्पा जो," आपको विश्वास होगा कि कुप्पा जो वास्तव में सबसे अच्छा है शहर में कॉफी जगह। लिंक खोज इंजन के लिए ऐसा करते हैं।

उस शब्द का क्या अर्थ है?

जब लिंक बिल्डिंग की विस्तृत दुनिया की बात आती है तो याद रखने के लिए बहुत कुछ है। SEO शब्दावली में इस खंड के लिए और परिभाषाएँ देखें।

1990 के दशक के उत्तरार्ध से, खोज इंजनों ने वेब पर लोकप्रियता और महत्व के लिए लिंक को वोट के रूप में माना है।

आंतरिक लिंक , या लिंक जो एक ही डोमेन के आंतरिक पृष्ठों को जोड़ते हैं, आपकी वेबसाइट के लिए बहुत समान रूप से कार्य करते हैं। आपकी साइट पर किसी विशेष पृष्ठ की ओर इशारा करने वाले आंतरिक लिंक की एक बड़ी मात्रा Google को एक संकेत प्रदान करेगी कि पृष्ठ महत्वपूर्ण है, जब तक कि यह स्वाभाविक रूप से किया गया हो और स्पैमी तरीके से नहीं।

इंजनों ने स्वयं लिंक को देखने के तरीके को परिष्कृत किया है, अब एल्गोरिदम का उपयोग करके उन्हें मिलने वाले लिंक के आधार पर साइटों और पृष्ठों का मूल्यांकन किया जाता है। लेकिन उन एल्गोरिदम में क्या है? इंजन उन सभी कड़ियों का मूल्यांकन कैसे करते

हैं? यह सब ईएटी की अवधारणा से शुरू होता है।

आप क्या खा रहे हैं

Google के <u>खोज गुणवत्ता मूल्यांकनकर्ता दिशानिर्देश</u> ईएटी की अवधारणा पर बहुत अधिक महत्व देते हैं - विशेषज्ञ, आधिकारिक और भरोसेमंद के लिए एक संक्षिप्त शब्द। इन विशेषताओं को प्रदर्शित नहीं करने वाली साइटों को इंजनों की नज़र में निम्न-गुणवत्ता के रूप में देखा जाता है, जबकि ऐसा करने वालों को बाद में पुरस्कृत किया जाता है। ईएटी अधिक से अधिक महत्वपूर्ण होता जा रहा है क्योंकि खोज विकसित होती है और <u>उपयोगकर्ता के इरादे को हल करने के महत्व को बढ़ाता है</u> ।

जब आप SEO का अभ्यास करते हैं तो ऐसी साइट बनाना जिसे विशेषज्ञ, आधिकारिक और भरोसेमंद माना जाता है, आपका मार्गदर्शक प्रकाश होना चाहिए। यह न केवल एक बेहतर साइट के रूप में परिणित होगा, बल्कि यह भविष्य-सबूत है। आखिरकार, खोजकर्ताओं को महान मूल्य प्रदान करना वही है जो Google स्वयं करने का प्रयास कर रहा है।

उपयोगकर्ता का इरादा क्या है?

"उपयोगकर्ता का इरादा" एक खोजकर्ता की क्वेरी के पीछे ड्राइविंग कारण को संदर्भित करता है। "पिल्ला" की खोज का कोई मजबूत इरादा नहीं है - क्या वे चित्रों की तलाश में हैं? नस्लों के बारे में तथ्य? देखभाल की जानकारी? दूसरी ओर, "सिएटल, WA में पिल्ला प्रशिक्षण" की खोज का एक बहुत मजबूत इरादा है: यह उपयोगकर्ता अपने पिल्ला को प्रशिक्षित करना चाहता है, वे शायद सिएटल में मदद की तलाश कर रहे हैं, और वे एक कक्षा के लिए साइन अप करना चाह सकते हैं। . ऐसी सामग्री तैयार करने का प्रयास करें जो आपके खोजकर्ताओं के इरादे को संतुष्ट करे।

<u>उपयोगकर्ता के इरादे के बारे में और जानें</u>

खाओ और अपनी साइट के लिंक

कोई साइट जितनी अधिक लोकप्रिय और महत्वपूर्ण होती है, उस साइट के लिंक्स का भार उतना ही अधिक होता है। उदाहरण के लिए, विकिपीडिया जैसी साइट से हजारों विविध साइटें जुड़ी हुई हैं। यह इंगित करता है कि यह बहुत सारी विशेषज्ञता प्रदान करता है, अधिकार पैदा करता है, और उन अन्य साइटों के बीच भरोसेमंद है।

खोज इंजन के साथ विश्वास और अधिकार अर्जित करने के लिए, आपको उन वेबसाइटों के लिंक की आवश्यकता होगी जो ईएटी के गुणों को प्रदर्शित करते हैं। जरूरी नहीं कि

ये विकिपीडिया-स्तर की साइटें हों, लेकिन उन्हें खोजकर्ताओं को विश्वसनीय, भरोसेमंद सामग्री प्रदान करनी चाहिए।

Moz के पास मालिकाना मेट्रिक्स हैं: डोमेन अथॉरिटी , पेज अथॉरिटी और स्पैम स्कोर । सामान्य तौर पर, आप अपनी साइटों की तुलना में उच्च डोमेन प्राधिकरण वाली साइटों से लिंक चाहते हैं।

गए बनाम नोफ़ॉलो किए गए लिंक

याद रखें कि लिंक वोट के रूप में कैसे कार्य करते हैं? rel = nofollow विशेषता (दो शब्दों के रूप में उच्चारित, "कोई अनुसरण नहीं") आपको खोज इंजन उद्देश्यों के लिए अपना "वोट" हटाते समय एक संसाधन से लिंक करने की अनुमति देता है।

जैसा लगता है, " nofollow " सर्च इंजन को लिंक का अनुसरण न करने के लिए कहता है। कुछ इंजन अभी भी केवल नए पृष्ठों की खोज के लिए उनका अनुसरण करते हैं, लेकिन ये लिंक लिंक इक्विटी ("लोकप्रियता के वोट" के बारे में हमने ऊपर बात की) को पारित नहीं करते हैं, इसलिए वे उन स्थितियों में उपयोगी हो सकते हैं जहां कोई पृष्ठ या तो अविश्वसनीय स्रोत से जुड़ रहा है या गंतव्य पृष्ठ के स्वामी द्वारा भुगतान किया गया था या बनाया गया था (इसे एक अप्राकृतिक लिंक बनाते हुए)।

मान लीजिए, उदाहरण के लिए, आप लिंक निर्माण प्रथाओं के बारे में एक पोस्ट लिखते हैं, और खराब, स्पैमयुक्त लिंक बिल्डिंग का उदाहरण देना चाहते हैं। आप Google को यह संकेत दिए बिना कि आप उस पर विश्वास करते हैं , आपत्तिजनक साइट से लिंक कर सकते हैं।

मानक लिंक (जिनके पास nofollow नहीं जोड़ा गया है) इस तरह दिखते हैं:

<a href ="">मुझे Moz पसंद है </a>

Nofollow लिंक मार्कअप इस तरह दिखता है:

<a href ="" rel =" nofollow ">मुझे Moz पसंद है </a>

यदि फॉलो लिंक सभी लिंक इक्विटी को पास कर देते हैं, तो क्या इसका मतलब यह नहीं होना चाहिए कि आप केवल लिंक का अनुसरण करना चाहते हैं?

जरूरी नही। उन सभी वैध स्थानों के बारे में सोचें जिन्हें आप अपनी वेबसाइट के लिंक बना सकते हैं: एक फेसबुक प्रोफाइल, एक येल्प पेज, एक ट्विटर अकाउंट, आदि। ये सभी आपकी वेबसाइट पर लिंक जोड़ने के लिए प्राकृतिक स्थान हैं, लेकिन उन्हें वोट के रूप में नहीं गिना जाना चाहिए। तुम्हारा संचार प्रौद्योगिकी। (अपनी साइट के लिंक के साथ एक ट्विटर प्रोफ़ाइल सेट करना ट्विटर का वोट नहीं है कि वे आपकी साइट को पसंद करते हैं।)

नोफ़ॉलो किए गए और अनुसरण किए गए बैकलिंक्स के बीच संतुलन होना स्वाभाविक है (नीचे लिंक प्रोफाइल पर अधिक)। एक नोफ़ॉलो लिंक प्राधिकरण को पारित नहीं कर सकता है, लेकिन यह आपकी साइट पर मूल्यवान ट्रैफ़िक भेज सकता है और यहां तक कि भविष्य में अनुसरण किए गए लिंक भी ले सकता है।

MozBar एक्सटेंशन का उपयोग करें ताकि यह पता लगाया जा सके कि वे नोफ़ॉलो हैं या बिना सोर्स कोड देखे कभी भी!

MozBar . डाउनलोड करें

आपका लिंक प्रोफ़ाइल

आपकी लिंक प्रोफ़ाइल आपकी साइट द्वारा अर्जित सभी इनबाउंड लिंक का एक समग्र मूल्यांकन है: लिंक की कुल संख्या, उनकी गुणवत्ता (या स्पैमनेस), उनकी विविधता (एक साइट है जो आपको सैकड़ों बार लिंक कर रही है, या सैकड़ों साइटें लिंक कर रही हैं) आप एक बार?), और भी बहुत कुछ। आपकी लिंक प्रोफ़ाइल की स्थिति खोज इंजनों को यह समझने में सहायता करती है कि आपकी साइट इंटरनेट पर अन्य साइटों से कैसे संबंधित है। विभिन्न एसईओ उपकरण हैं जो आपको अपने लिंक प्रोफाइल का विश्लेषण करने और इसके समग्र मेकअप को समझने की अनुमति देते हैं।

मैं कैसे देख सकता हूं कि कौन से इनबाउंड लिंक मेरी वेबसाइट की ओर इशारा करते हैं?

Moz Link Explorer पर जाएँ और अपनी साइट का URL टाइप करें। आप देख पाएंगे कि कितनी और कौन सी वेबसाइटें आपसे वापस जुड़ रही हैं।

अपने लिंक देखें

एक स्वस्थ लिंक प्रोफ़ाइल के गुण क्या हैं?

जब लोगों ने कड़ियों की ताकत के बारे में जानना शुरू किया, तो उन्होंने अपने फायदे के लिए उनमें हेरफेर करना शुरू कर दिया। वे केवल अपनी खोज इंजन रैंकिंग बढ़ाने के लिए कृत्रिम लिंक प्राप्त करने के तरीके खोजेंगे। हालांकि ये खतरनाक रणनीतियां कभी-कभी काम कर सकती हैं, वे Google की सेवा की शर्तों के खिलाफ हैं और वेबसाइट को डीइंडेक्स (खोज परिणामों से वेब पेज या संपूर्ण डोमेन को हटाना) प्राप्त कर सकते हैं। आपको हमेशा एक स्वस्थ लिंक प्रोफ़ाइल बनाए रखने का प्रयास करना चाहिए।

एक स्वस्थ लिंक प्रोफ़ाइल वह है जो खोज इंजनों को इंगित करती है कि आप अपने लिंक और अधिकार को उचित रूप से अर्जित कर रहे हैं। जैसे आपको झूठ नहीं बोलना चाहिए,

धोखा नहीं देना चाहिए या चोरी नहीं करनी चाहिए. आपको यह सुनिश्चित करने का प्रयास करना चाहिए कि आपकी लिंक प्रोफ़ाइल ईमानदार है और अच्छे, पुराने जमाने की कड़ी मेहनत से अर्जित की गई है।

लिंक अर्जित किए जाते हैं या संपादकीय रूप से रखे जाते हैं

संपादकीय लिंक उन साइटों और पृष्ठों द्वारा स्वाभाविक रूप से जोड़े गए लिंक हैं जो आपकी वेबसाइट से लिंक करना चाहते हैं।

अर्जित लिंक प्राप्त करने की नींव लगभग हमेशा उच्च गुणवत्ता वाली सामग्री बनाने के माध्यम से होती है जिसे लोग वास्तव में संदर्भित करना चाहते हैं। यह वह जगह है जहां 10X सामग्री (अत्यंत उच्च गुणवत्ता वाली सामग्री का वर्णन करने का एक तरीका) बनाना आवश्यक है! यदि आप वेब पर सबसे अच्छा और सबसे दिलचस्प संसाधन प्रदान कर सकते हैं, तो लोग स्वाभाविक रूप से इससे जुड़ेंगे।

स्वाभाविक रूप से अर्जित लिंक को योग्य सामग्री के निर्माण और इसके बारे में जागरूकता पैदा करने की क्षमता के अलावा आपसे किसी विशेष कार्रवाई की आवश्यकता नहीं है।

अर्जित उल्लेख अक्सर अनलिंक किए जाते हैं!

जब वेबसाइटें आपके ब्रांड या आपके द्वारा प्रकाशित सामग्री के किसी विशिष्ट अंश का जिक्र कर रही होती हैं, तो वे अक्सर इसे लिंक किए बिना इसका उल्लेख करेंगे। इन अर्जित उल्लेखों को खोजने के लिए, Moz's Fresh Web Explorer का उपयोग करें। फिर आप उन प्रकाशकों तक यह देखने के लिए पहुंच सकते हैं कि क्या वे लिंक के साथ उन उल्लेखों को अपडेट करेंगे।

लिंक प्रासंगिक हैं और शीर्ष समान वेबसाइटों से हैं

किसी विषय-विशिष्ट समुदाय की वेबसाइटों के लिंक आमतौर पर उन वेबसाइटों के लिंक से बेहतर होते हैं जो आपकी साइट के लिए प्रासंगिक नहीं हैं। यदि आपकी वेबसाइट डॉग हाउस बेचती है, तो सोसाइटी ऑफ़ डॉग ब्रीडर्स का एक लिंक रोलर स्केटिंग एसोसिएशन से एक से अधिक मायने रखता है। इसके अतिरिक्त, शीर्ष रूप से अप्रासंगिक स्रोतों के लिंक खोज इंजनों को भ्रमित करने वाले संकेत भेज सकते हैं कि आपका पृष्ठ किस बारे में है।

डोमेन को लिंक करना आपके पृष्ठ के विषय से सटीक रूप से मेल खाने वाला नहीं है, लेकिन वे संबंधित होने चाहिए। उन स्रोतों से बैकलिंक्स का पीछा करने से बचें जो पूरी तरह से ऑफ-टॉपिक हैं: आपके समय का कहीं बेहतर उपयोग है।

एंकर टेक्स्ट बिना स्पैम के वर्णनात्मक और प्रासंगिक है

एंकर टेक्स्ट Google को यह बताने में मदद करता है कि आपके पेज का विषय क्या है। यदि दर्जनों लिंक किसी शब्द या वाक्यांश की भिन्नता वाले पृष्ठ की ओर इशारा करते हैं,

तो उस प्रकार के वाक्यांशों के लिए पृष्ठ की रैंकिंग की संभावना अधिक होती है। हालाँकि, सावधानी से आगे बढ़ें! समान एंकर टेक्स्ट वाले बहुत से बैकलिंक्स खोज इंजनों को संकेत दे सकते हैं कि आप खोज परिणामों में अपनी साइट की रैंकिंग में हेरफेर करने का प्रयास कर रहे हैं।

इस पर विचार करो। आप दस अलग-अलग दोस्तों से अलग-अलग समय पर पूछते हैं कि उनका दिन कैसा चल रहा था, और उनमें से प्रत्येक ने एक ही वाक्यांश के साथ जवाब दिया:

"बढ़िया! मैंने अपने दिन की शुरुआत अपने कुत्ते, मूंगफली को टहलाकर की, और फिर दोपहर के भोजन के लिए पिकांटे बीफ़ टॉप रेमन खाया।"

यह *अजीब है*, और आपको अपने दोस्तों पर काफी शक होगा। वही Google के लिए जाता है। एंकर टेक्स्ट के साथ लक्ष्य पृष्ठ की सामग्री का वर्णन करने से उन्हें यह समझने में मदद मिलती है कि पृष्ठ किस बारे में है, लेकिन एक ही विवरण कई स्रोतों से बार-बार संदिग्ध लगने लगता है। प्रासंगिकता के लिए लक्ष्य: स्पैम से बचें।

Moz's Link Explorer में "एंकर टेक्स्ट" रिपोर्ट का HYPERLINK "https://moz.com/link-explorer" उपयोग करके देखें कि अन्य वेबसाइट आपकी सामग्री से लिंक करने के लिए किस एंकर टेक्स्ट का उपयोग कर रही हैं।

लिंक आपकी साइट पर योग्य ट्रैफ़िक भेजते हैं

लिंक बिल्डिंग केवल सर्च इंजन रैंकिंग के बारे में नहीं होनी चाहिए। सम्मानित एसईओ और लिंक बिल्डिंग विचार नेता एरिक वार्ड कहते थे कि आपको अपने लिंक बनाना चाहिए जैसे कि Google कल गायब हो सकता है। संक्षेप में, आपको ऐसे लिंक प्राप्त करने पर ध्यान केंद्रित करना चाहिए जो आपकी वेबसाइट पर योग्य ट्रैफ़िक लाएंगे - एक और कारण है कि प्रासंगिक वेबसाइटों से लिंक प्राप्त करना महत्वपूर्ण है, जिनके दर्शकों को आपकी साइट में भी मूल्य मिलेगा।

वर्तमान में आपको ट्रैफ़िक भेजने वाली वेबसाइटों का मूल्यांकन करने के लिए Google Analytics में "रेफ़रल ट्रैफ़िक" रिपोर्ट का उपयोग करें। आप समान प्रकार की वेबसाइटों के साथ संबंध बनाना कैसे जारी रख सकते हैं?

लिंक बिल्डिंग में क्या न करें और किन चीजों से बचना चाहिए

स्पैमी लिंक प्रोफाइल बस यही हैं: अप्राकृतिक, गुप्त, या अन्यथा निम्न-गुणवत्ता वाले तरीकों से निर्मित लिंक से भरा हुआ। लिंक खरीदने या लिंक एक्सचेंज में शामिल होने जैसी प्रथाएं आसान तरीके की तरह लग सकती हैं, लेकिन ऐसा करना खतरनाक है और आपकी सारी मेहनत को जोखिम में डाल सकता है। Google स्पैमयुक्त लिंक प्रोफ़ाइल वाली साइटों को दंडित करता है, इसलिए प्रलोभन में न आएं।

आपके लिंक निर्माण प्रयासों के लिए एक मार्गदर्शक सिद्धांत खोज परिणामों में किसी साइट की रैंकिंग में हेरफेर करने का प्रयास कभी नहीं करना है।

लेकिन क्या यह SEO का पूरा लक्ष्य नहीं है? खोज परिणामों में साइट की रैंकिंग बढ़ाने के लिए? और यहीं भ्रम है। Google चाहता है कि आप लिंक अर्जित करें, उनका निर्माण न करें, लेकिन दोनों के बीच की रेखा अक्सर धुंधली होती है। अप्राकृतिक लिंक ("लिंक स्पैम" के रूप में जाना जाता है) के लिए दंड से बचने के लिए, Google ने स्पष्ट किया है कि किन चीज़ों से बचना चाहिए।

◯ *खरीदे गए लिंक*

Google और बिंग दोनों अपने जैविक खोज परिणामों में भुगतान किए गए लिंक के प्रभाव को कम करना चाहते हैं। जबकि एक खोज इंजन यह नहीं जान सकता है कि कौन से लिंक अर्जित किए गए थे बनाम लिंक को देखने के लिए भुगतान किया गया था, ऐसे सुराग हैं जो ऐसे पैटर्न का पता लगाने के लिए उपयोग करते हैं जो गलत खेल का संकेत देते हैं। अनुसरण की गई लिंक्स को खरीदते या बेचते हुए पकड़ी गई वेबसाइटें गंभीर दंड का जोखिम उठाती हैं जो उनकी रैंकिंग को गंभीर रूप से गिरा देगी। (वैसे, किसी लिंक के लिए वस्तुओं या सेवाओं का आदान-प्रदान भी भुगतान का एक रूप है और लिंक खरीदने के योग्य है।)

◯ *लिंक एक्सचेंज / पारस्परिक लिंकिंग*

यदि आपको किसी ऐसे व्यक्ति से "आप मुझसे लिंक करते हैं और मैं आपसे लिंक करूंगा" ईमेल प्राप्त हुआ है, तो आपको लिंक एक्सचेंज के लिए लक्षित किया गया है। Google के गुणवत्ता दिशानिर्देश "अत्यधिक" लिंक एक्सचेंज और विशेष रूप से क्रॉस-लिंकिंग के लिए आयोजित समान भागीदार कार्यक्रमों के प्रति सावधानी बरतते हैं, इसलिए कुछ संकेत हैं कि छोटे पैमाने पर इस प्रकार का एक्सचेंज किसी भी लिंक स्पैम अलार्म को ट्रिगर नहीं कर सकता है।

जिन लोगों के साथ आप काम करते हैं, उनके साथ पार्टनरशिप करते हैं, या उनके साथ कोई अन्य संबद्धता रखते हैं, उनके साथ लिंक करना और उन्हें आपके साथ वापस लिंक करना स्वीकार्य है, और यहां तक कि मूल्यवान भी है।

यह असंबद्ध साइटों के साथ बड़े पैमाने पर लिंक का आदान-प्रदान है जो दंड की गारंटी दे सकता है।

◯ *निम्न-गुणवत्ता वाली निर्देशिका लिंक*

ये हेरफेर का एक लोकप्रिय स्रोत हुआ करते थे। इस बाजार की सेवा के लिए बड़ी संख्या में पे-फॉर-प्लेसमेंट वेब निर्देशिकाएं मौजूद हैं और सफलता की अलग-अलग डिग्री के साथ खुद को वैध मानती हैं। वेबसाइटों की बड़ी सूचियों और उनके विवरणों के साथ इस प्रकार की साइटें बहुत समान दिखती हैं (आमतौर पर, साइट के महत्वपूर्ण कीवर्ड को सबमिटर की साइट पर वापस लिंक करने के लिए एंकर टेक्स्ट के रूप में उपयोग किया जाता है)।

कई और जोड़ तोड़ लिंक निर्माण रणनीतियां हैं जिन्हें खोज इंजनों ने पहचाना है। ज्यादातर मामलों में, उन्होंने अपने प्रभाव को कम करने के लिए एल्गोरिथम तरीके खोजे हैं। जैसे-जैसे नए स्पैम सिस्टम सामने आएंगे, इंजीनियर लक्षित एल्गोरिदम, मानव समीक्षाओं और वेबमास्टरों और एसईओ से स्पैम रिपोर्ट के संग्रह के साथ उनका मुकाबला करना जारी रखेंगे। कुल मिलाकर, यह उनके आसपास के रास्ते खोजने के लायक नहीं है।

यदि आपकी साइट पर मैन्युअल जुर्माना लगाया जाता है, तो इसे हटाने के लिए आप कुछ कदम उठा सकते हैं।

लिंक हमेशा होना चाहिए:

- अर्जित/संपादकीय बनें
- आधिकारिक पृष्ठों से आएं
- समय के साथ बढ़ाएं
- सामयिक रूप से प्रासंगिक स्रोतों से आएं
- प्रासंगिक, प्राकृतिक एंकर टेक्स्ट का उपयोग करें
- अपनी साइट पर योग्य ट्रैफ़िक लाएं
- फॉलो और नोफॉलो का स्वस्थ मिश्रण बनें
- रणनीतिक रूप से लक्षित या स्वाभाविक रूप से अर्जित करें

उच्च गुणवत्ता वाले बैकलिंक्स कैसे बनाएं

लिंक निर्माण कई आकारों और आकारों में आता है, लेकिन एक बात हमेशा सच होती है: लिंक अभियान हमेशा आपके अद्वितीय लक्ष्यों से मेल खाने चाहिए। इसके साथ ही, कुछ लोकप्रिय तरीके हैं जो अधिकांश अभियानों के लिए अच्छा काम करते हैं। यह एक विस्तृत सूची नहीं है, इसलिए इस विषय पर अधिक विवरण के लिए लिंक बिल्डिंग पर मोज के ब्लॉग पोस्ट पर जाएँ।

ग्राहक और भागीदार लिंक खोजें

यदि आपके पास साझेदार हैं जिनके साथ आप नियमित रूप से काम करते हैं, या वफादार ग्राहक जो आपके ब्रांड से प्यार करते हैं, तो उनसे सापेक्ष आसानी से लिंक अर्जित करने के तरीके हैं। आप साझेदारी बैज (पारस्परिक सम्मान को दर्शाने वाले ग्राफिक आइकन) भेज सकते हैं, या उनके उत्पादों के प्रशंसापत्र लिखने की पेशकश कर सकते हैं। वे दोनों चीजें

प्रदान करते हैं जो वे अपनी वेबसाइट पर प्रदर्शित कर सकते हैं और साथ ही आपको वापस लिंक भी दे सकते हैं।

एक ब्लॉग प्रकाशित करें

यह सामग्री और लिंक निर्माण रणनीति इतनी लोकप्रिय और मूल्यवान है कि यह Google के इंजीनियरों द्वारा व्यक्तिगत रूप से अनुशंसित कुछ में से एक है। ब्लॉग में लगातार आधार पर ताजा सामग्री का योगदान करने, पूरे वेब पर बातचीत उत्पन्न करने और अन्य ब्लॉगों से लिस्टिंग और लिंक अर्जित करने की अद्वितीय क्षमता होती है।

सावधान, हालांकि - आपको केवल लिंक निर्माण के लिए निम्न-गुणवत्ता वाले अतिथि पोस्टिंग से बचना चाहिए। Google ने इसके खिलाफ सलाह दी है और आपकी ऊर्जा कहीं और खर्च की जाती है।

अद्वितीय संसाधन बनाएं

अद्वितीय, उच्च-गुणवत्ता वाले संसाधन बनाना कोई आसान काम नहीं है, लेकिन यह प्रयास के लायक है। उच्च गुणवत्ता वाली सामग्री जिसे सही तरीके से प्रचारित किया जाता है उसे व्यापक रूप से साझा किया जा सकता है। यह निम्नलिखित लक्षणों वाले टुकड़े बनाने में मदद कर सकता है:

- मजबूत भावनाओं को प्राप्त करता है (खुशी, उदासी, आदि)
- कुछ नया, या कम से कम एक नए तरीके से संप्रेषित
- दिखने में आकर्षित
- समय पर आवश्यकता या रुचि को संबोधित करता है
- स्थान-विशिष्ट (उदाहरण: <u>राज्य द्वारा हैलोवीन पोशाक के लिए सबसे अधिक खोजा गया</u>)।

इस तरह से एक संसाधन बनाना एक पेज के साथ बहुत सारे लिंक को आकर्षित करने का एक शानदार तरीका है। आप एक अत्यधिक विशिष्ट संसाधन भी बना सकते हैं - बिना किसी अपील के - जो मुट्ठी भर वेबसाइटों को लक्षित करता है। आप सफलता की उच्च दर देख सकते हैं, लेकिन वह दृष्टिकोण उतना स्केलेबल नहीं है।

इस तरह की अनूठी सामग्री देखने वाले उपयोगकर्ता अक्सर इसे दोस्तों के साथ साझा करना चाहते हैं, और ब्लॉगर्स/तकनीक-प्रेमी वेबमास्टर्स जो इसे देखते हैं, वे अक्सर लिंक के माध्यम से ऐसा करेंगे। ये उच्च-गुणवत्ता वाले, संपादकीय रूप से अर्जित वोट विश्वास, अधिकार और रैंकिंग क्षमता के निर्माण के लिए अमूल्य हैं।

संसाधन पृष्ठ बनाएँ

संसाधन पृष्ठ लिंक बनाने का एक शानदार तरीका हैं। हालांकि, उन्हें खोजने के लिए आपको कुछ उन्नत Google ऑपरेटरों को जानना होगा ताकि उन्हें खोजना थोड़ा आसान हो सके।

उदाहरण के लिए, यदि आप बर्तन और धूपदान बनाने वाली कंपनी के लिए लिंक निर्माण कर रहे थे, तो आप निम्न को खोज सकते हैं: खाना बनाना शीर्षक : "संसाधन" ...और देखें कि कौन से पृष्ठ अच्छे लिंक लक्ष्य हो सकते हैं।

यह आपको सामग्री निर्माण के लिए महान विचार भी दे सकता है - बस इस बारे में सोचें कि आप किस प्रकार के संसाधन बना सकते हैं जिन्हें ये सभी पृष्ठ संदर्भ और लिंक करना चाहेंगे।

अपने स्थानीय समुदाय में शामिल हों

एक स्थानीय व्यवसाय के लिए (जो अपने ग्राहकों से व्यक्तिगत रूप से मिलता है), सामुदायिक आउटरीच के परिणामस्वरूप कुछ सबसे मूल्यवान और प्रभावशाली लिंक हो सकते हैं।

- प्रायोजन और छात्रवृति में शामिल हों
- सामुदायिक कार्यक्रमों, संगोष्ठियों, कार्यशालाओं और संगठनों की मेजबानी करें या उनमें भाग लें
- योग्य स्थानीय कारणों के लिए दान करें और स्थानीय व्यापार संघों में शामिल हों
- नौकरी पोस्ट करें और इंटर्नशिप की पेशकश करें
- वफादारी कार्यक्रमों को बढ़ावा दें
- एक स्थानीय प्रतियोगिता चलाएं
- संबंधित स्थानीय व्यवसायों के साथ वास्तविक दुनिया के संबंध विकसित करें ताकि यह पता लगाया जा सके कि आप अपनी स्थानीय अर्थव्यवस्था के स्वास्थ्य को बेहतर बनाने के लिए कैसे टीम बना सकते हैं

ये सभी स्मार्ट और प्रामाणिक रणनीतियाँ अच्छे स्थानीय लिंक अवसर प्रदान करती हैं।

Google में उन्नत खोज ऑपरेटरों का उपयोग करें

सामग्री शोध से लेकर साहित्यिक चोरी की जाँच से लेकर तकनीकी ऑडिट और उससे आगे तक, उन्नत Google खोज ऑपरेटरों का उपयोग करने से आपके SEO अनुसंधान को

शक्ति मिल सकती है।

स्थानीय एसईओ के लिए लिंक बिल्डिंग

लिंक किए गए असंरचित उद्धरणों का निर्माण - एक गैर-निर्देशिका प्लेटफ़ॉर्म पर किसी व्यवसाय की संपर्क जानकारी का संदर्भ, जैसे ब्लॉग या समाचार साइट - स्थानीय एसईओ के लिए रैंकिंग सुई को स्थानांतरित करने के लिए महत्वपूर्ण है। जब आप किसी स्थानीय व्यवसाय की मार्केटिंग कर रहे हों तो यह मूल्यवान लिंक अर्जित करने का एक शानदार तरीका भी है। हमारे गाइड में और जानें:

शीर्ष सामग्री को नवीनीकृत करें

आप शायद पहले से ही जानते हैं कि आपकी साइट की कौन सी सामग्री सबसे अधिक ट्रैफ़िक अर्जित करती है, सबसे अधिक ग्राहकों को रूपांतरित करती है, या विज़िटर को सबसे लंबे समय तक बनाए रखती है।

Google से परे अपने अधिग्रहण फ़नल का विस्तार करने के लिए उस सामग्री को लें और इसे अन्य प्लेटफार्मों (स्लाइडशेयर , यूट्यूब, इंस्टाग्राम , क्वोरा , आदि) के लिए नवीनीकृत करें।

आप उसी प्लेटफॉर्म पर पुरानी सामग्री को धूल चटा सकते हैं, अपडेट कर सकते हैं और बस पुनः प्रकाशित कर सकते हैं। यदि आप पाते हैं कि कुछ विश्वसनीय उद्योग वेबसाइटें सभी एक लोकप्रिय संसाधन से जुड़ी हुई हैं, तो इसे अपडेट करें और उन उद्योग वेबसाइटों को बताएं - आप बस एक अच्छा लिंक अर्जित कर सकते हैं।

आप इसे छवियों के साथ भी कर सकते हैं । उन वेबसाइटों तक पहुंचें जो आपकी छवियों का उपयोग कर रही हैं और आपको उद्धृत नहीं कर रही हैं या आपको वापस लिंक नहीं कर रही हैं और पूछें कि क्या उन्हें एक लिंक शामिल करने में कोई आपत्ति है।

समाचार योग्य बनें

प्रेस, ब्लॉगर्स और समाचार मीडिया का ध्यान आकर्षित करना लिंक अर्जित करने का एक प्रभावी, समय- सम्मानित तरीका है। कभी-कभी यह उतना ही सरल होता है, जितना कि मुफ्त में कुछ देना, एक बढ़िया नया उत्पाद जारी करना, या कुछ विवादास्पद बताना। चूंकि बहुत से SEO वास्तविक दुनिया में आपके ब्रांड का डिजिटल प्रतिनिधित्व करने के बारे में है, SEO में सफल होने के लिए, आपको एक महान ब्रांड बनना होगा।

व्यक्तिगत और वास्तविक बनें

लिंक बनाने की कोशिश करते समय नए एसईओ सबसे आम गलती करते हैं, एक कस्टम, व्यक्तिगत और मूल्यवान प्रारंभिक आउटरीच ईमेल तैयार करने में समय नहीं लगता है। आप और किसी को भी पता है कि स्पैमी ईमेल कितने कष्टप्रद हो सकते हैं, इसलिए

सुनिश्चित करें कि आपका ईमेल लोगों की नज़रों में न आए।

प्रारंभिक आउटरीच ईमेल के लिए आपका लक्ष्य केवल प्रतिक्रिया प्राप्त करना है। ये टिप्स मदद कर सकते हैं:

- जिस व्यक्ति पर वह काम कर रहा है, जहां वे स्कूल गए थे, उनके कुत्ते आदि का उल्लेख करके इसे व्यक्तिगत बनाएं।
- मूल्य प्रदान करें। उन्हें उनकी वेबसाइट या मोबाइल पर काम नहीं कर रहे पेज पर टूटे हुए लिंक के बारे में बताएं।
- इसे कम रखें।
- एक साधारण प्रश्न पूछें (आमतौर पर लिंक के लिए नहीं; आप संभवतः पहले एक संबंध बनाना चाहेंगे)।

कमाई के लिंक संसाधन-गहन हैं, इसलिए मूल्य साबित करने के लिए अपनी सफलता को मापें

लिंक निर्माण के लिए मीट्रिक साइट के समग्र KPI के साथ मेल खाना चाहिए। ये बिक्री, ईमेल सदस्यता, पृष्ठ दृश्य आदि हो सकते हैं। आपको डोमेन प्राधिकरण और/या पृष्ठ प्राधिकरण स्कोर, वांछित कीवर्ड की रैंकिंग और आपकी सामग्री पर ट्रैफ़िक की मात्रा का भी मूल्यांकन करना चाहिए। हम आपके SEO अभियानों की सफलता को मापने के बारे में अध्याय 7 में बात करेंगे।

अपने लिंक प्रयासों को मापना और सुधारना

अब तक, हमने समय के साथ आपकी साइट पर गुणवत्तापूर्ण लिंक अर्जित करने के महत्व के साथ-साथ ऐसा करने के लिए कुछ सामान्य युक्तियों पर चर्चा की है। अब, हम समय के साथ गुणवत्ता वाले बैकलिंक विकास को बनाए रखने के लिए आपके लिंक बिल्डिंग निवेश और रणनीतियों पर रिटर्न को मापने के तरीकों को कवर करेंगे।

लिंक की कुल संख्या

अपने लिंक निर्माण प्रयासों को मापने का सबसे सीधा तरीका आपकी साइट या पेज के कुल लिंक की वृद्धि को ट्रैक करना है। मोजेज ऐसा करने के लिए लिंक एक्सप्लोरर एक बेहतरीन टूल है। उदाहरण के लिए, मान लें कि आपने हाल ही में एक ब्लॉग पोस्ट प्रकाशित किया है जिस पर बहुत ध्यान दिया गया है और आप संसाधन द्वारा अर्जित कुल लिंक को ट्रैक

करना चाहते हैं।

लिंक सफाई पर एक नोट

कुछ SEO को न केवल अच्छे लिंक बनाने की आवश्यकता होती है, बल्कि बुरे लोगों से भी छुटकारा पाने की आवश्यकता होती है। यदि आप एक साथ अच्छे लिंक बनाते हुए लिंक क्लीनअप कर रहे हैं, तो बस ध्यान रखें कि "समय के साथ डोमेन को लिंक करना" ग्राफ़ का रुकना या गिरना पूरी तरह से सामान्य है। आप लिंक एक्सप्लोरर के "डिस्कवर एंड लॉस्ट" टूल को भी देखना चाह सकते हैं ताकि यह पता लगाया जा सके कि आपने कौन से लिंक प्राप्त किए हैं और खो गए हैं।

अपने खोजे और खोए हुए लिंक देखें

यदि आपने यह नहीं देखा कि आप जिस बैकलिंक का लक्ष्य बना रहे थे, उसकी संख्या नहीं आई है, तो सारी आशा नहीं खोई है! प्रत्येक लिंक निर्माण अभियान कुछ ऐसा है जिससे आप सीख सकते हैं। यदि आप अपने अगले अभियान के लिए अर्जित कुल लिंक में सुधार करना चाहते हैं, तो इन प्रश्नों पर विचार करें:

क्या आपने ऐसी सामग्री बनाई है जो किसी अन्य चीज़ से 10 गुना बेहतर थी?

यह संभव है कि आपके लिंक निर्माण प्रयासों के विफल होने का कारण यह है कि आपकी सामग्री इस तरह की किसी भी चीज़ की तुलना में अधिक मूल्यवान नहीं थी। आप जिस शब्द को लक्षित कर रहे हैं, उसके लिए पृष्ठों की रैंकिंग पर एक बार फिर से नज़र डालें और देखें कि क्या कुछ और है जिसे आप सुधारने के लिए कर सकते हैं।

क्या आपने अपनी सामग्री का प्रचार किया? कैसे?

प्रचार शायद लिंक निर्माण के सबसे कठिन पहलुओं में से एक है, लेकिन लोगों को अपनी सामग्री के बारे में बताना और उन्हें आपसे लिंक करने के लिए राजी करना वास्तव में सुई को आगे बढ़ाने वाला है। सामग्री के प्रचार के बारे में महान सुझावों के लिए, सामग्री विपणन के लिए हमारी शुरुआती मार्गदर्शिका के अध्याय 7 पर जाएं।

आपको वास्तव में कितने लिंक की आवश्यकता है?

विचार करें कि आप जिस कीवर्ड को लक्षित कर रहे थे, उसके लिए आपको वास्तव में कितने बैकलिंक्स को रैंक करने की आवश्यकता हो सकती है। कीवर्ड एक्सप्लोरर की "एसईआरपी विश्लेषण" रिपोर्ट में, आप उन पृष्ठों को देख सकते हैं जो आपके द्वारा लक्षित शब्द के लिए रैंकिंग कर रहे हैं, साथ ही उन यूआरएल में कितने बैकलिंक्स हैं। यह आपको यह निर्धारित करने के लिए एक अच्छा बेंचमार्क देगा कि प्रतिस्पर्धा करने के लिए आपको वास्तव में कितने लिंक की आवश्यकता है और कौन सी वेबसाइटें एक अच्छा लिंक लक्ष्य हो सकती हैं।

आपको प्राप्त लिंक्स की गुणवत्ता क्या थी?

एक बहुत ही आधिकारिक स्रोत से एक लिंक निम्न-गुणवत्ता वाली साइटों से दस से अधिक मूल्यवान है, इसलिए ध्यान रखें कि मात्रा ही सब कुछ नहीं है। बैकलिंक्स के लिए

साइटों को लक्षित करते समय, आप प्राथमिकता दे सकते हैं कि वे डोमेन अथॉरिटी और पेज अथॉरिटी मेट्रिक्स का कितना आधिकारिक उपयोग कर रहे हैं।

लिंक से परेः जागरूकता, प्रवर्धन और भावना प्राधिकरण को कैसे प्रभावित करती है

लिंक बनाने के लिए आप जिन तरीकों का इस्तेमाल करेंगे, वे भी परोक्ष रूप से आपके ब्रांड का निर्माण करेंगे। वास्तव में, आप लिंक बिल्डिंग को अपने ब्रांड, जिन विषयों पर आप एक अधिकारी हैं, और आपके द्वारा पेश किए जाने वाले उत्पादों या सेवाओं के बारे में जागरूकता बढ़ाने के एक शानदार तरीके के रूप में देख सकते हैं।

एक बार जब आपके लक्षित दर्शक आपसे परिचित हो जाएं और आपके पास साझा करने के लिए मूल्यवान सामग्री हो, तो अपने दर्शकों को इसके बारे में बताएं! सोशल प्लेटफॉर्म पर अपनी सामग्री को साझा करने से न केवल आपके दर्शकों को आपकी सामग्री के बारे में पता चलेगा, बल्कि यह उन्हें अपने स्वयं के नेटवर्क में उस जागरूकता को बढ़ाने के लिए प्रोत्साहित भी कर सकता है, जिससे आपकी अपनी पहुंच का विस्तार होगा।

क्या सामाजिक शेयर लिंक के समान हैं? नहीं, लेकिन सही लोगों को शेयर करने से लिंक बन सकते हैं। सामाजिक शेयर आपकी वेबसाइट पर ट्रैफ़िक और नए विज़िटर में वृद्धि को भी बढ़ावा दे सकते हैं, जिससे ब्रांड जागरूकता बढ़ सकती है, और ब्रांड जागरूकता में वृद्धि के साथ विश्वास और लिंक में वृद्धि हो सकती है । सामाजिक संकेतों और रैंकिंग के बीच संबंध अप्रत्यक्ष लगता है, लेकिन अप्रत्यक्ष सहसंबंध भी रणनीति को सूचित करने में मददगार हो सकते हैं।

विश्वसनीयता बहुत आगे जाती है

खोज इंजनों के लिए, भरोसे का निर्धारण आपके डोमेन द्वारा अर्जित लिंक की गुणवत्ता और मात्रा से होता है, लेकिन इसका मतलब यह नहीं है कि खेल में अन्य कारक नहीं हैं जो आपकी साइट के अधिकार को प्रभावित कर सकते हैं। उन सभी विभिन्न तरीकों के बारे में सोचें जिनसे आप किसी ब्रांड पर भरोसा करते हैं:

- जागरूकता (आप जानते हैं कि वे मौजूद हैं)
- सहायकता (वे आपके प्रश्नों के उत्तर प्रदान करते हैं)
- ईमानदारी (वे वही करते हैं जो वे कहते हैं कि वे करेंगे)
- गुणवत्ता (उनका उत्पाद या सेवा मूल्य प्रदान करती है, संभवतः आपके द्वारा आजमाए गए अन्य लोगों की तुलना में अधिक)

- निरंतर मूल्य (आपको जो चाहिए वह प्राप्त करने के बाद भी वे मूल्य प्रदान करना जारी रखते हैं)
- आवाज (वे अद्वितीय, यादगार तरीकों से संवाद करते हैं)
- भावना (दूसरों के पास ब्रांड के साथ अपने अनुभव के बारे में कहने के लिए अच्छी बातें हैं)

वह आखिरी बिंदु है जिस पर हम यहां ध्यान केंद्रित करने जा रहे हैं। आपके ब्रांड, उसके उत्पादों या उसकी सेवाओं की समीक्षा व्यवसाय को बना या बिगाड़ सकती है।

समीक्षाओं से अधिकार स्थापित करने के अपने प्रयास में, अंगूठे के इन समीक्षा नियमों का पालन करें:

- अपने व्यवसाय के लिए नकली सकारात्मक समीक्षा या किसी प्रतियोगी की नकली नकारात्मक समीक्षा बनाने के लिए कभी भी किसी व्यक्ति या एजेंसी को भुगतान न करें।
- अपने स्वयं के व्यवसाय या अपने प्रतिस्पर्धियों के व्यवसायों की समीक्षा न करें। अपने कर्मचारियों से भी ऐसा न करवाएं।
- समीक्षाओं के बदले कभी भी किसी प्रकार का प्रोत्साहन न दें।
- सभी समीक्षाएं ग्राहकों द्वारा सीधे उनके अपने खातों में छोड़ी जानी चाहिए; कभी भी किसी ग्राहक की ओर से समीक्षा पोस्ट न करें या ऐसा करने के लिए किसी एजेंसी को नियुक्त न करें।
- अपने व्यवसाय के स्थान पर समीक्षा स्टेशन/कियोस्क स्थापित न करें; एक ही आईपी से उत्पन्न कई समीक्षाओं को स्पैम के रूप में देखा जा सकता है।
- प्रत्येक समीक्षा प्लेटफ़ॉर्म के दिशा-निर्देश पढ़ें जहाँ आप समीक्षाएँ अर्जित करने की उम्मीद कर रहे हैं।

ध्यान रखें कि स्पैम की समीक्षा करना एक समस्या है जिसे वैश्विक अनुपात में लिया जाता है, और यह कि सरकारी सत्य-इन-विज्ञापन दिशानिर्देशों के उल्लंघन के कारण कानूनी अभियोजन और भारी जुर्माना लगाया गया है। इसके लायक होना बहुत खतरनाक है। नियमों से खेलना और असाधारण ग्राहक अनुभव प्रदान करना समय के साथ विश्वास और अधिकार दोनों के निर्माण के लिए विजयी संयोजन है।

प्राधिकरण का निर्माण तब होता है जब ब्रांड वास्तविक दुनिया में शानदार काम कर रहे हों, ग्राहकों को खुश कर रहे हों, बेहतरीन सामग्री बना रहे हों और साझा कर रहे हों, और प्रतिष्ठित स्रोतों से लिंक अर्जित कर रहे हों।

8

एसईओ ट्रैकिंग क्या है

वे कहते हैं कि यदि आप कुछ माप सकते हैं, तो आप इसे सुधार सकते हैं।

एसईओ में, यह अलग नहीं है। पेशेवर एसईओ रैंकिंग और रूपांतरण से लेकर खोए हुए लिंक और एसईओ के मूल्य को साबित करने में मदद करने के लिए सब कुछ ट्रैक करते हैं। आपके काम और चल रहे शोधन के प्रभाव को मापना आपकी एसईओ सफलता, ग्राहक प्रतिधारण और कथित मूल्य के लिए महत्वपूर्ण है।

जब कुछ काम नहीं कर रहा हो तो यह आपकी प्राथमिकताओं को तय करने में भी आपकी मदद करता है।

अंत को ध्यान में रखकर शुरू करें

हालांकि कई लक्ष्य (मैक्रो और माइक्रो दोनों) होना आम बात है, एक विशिष्ट प्राथमिक लक्ष्य स्थापित करना आवश्यक है।

यह जानने का एकमात्र तरीका है कि वेबसाइट का प्राथमिक अंतिम लक्ष्य क्या होना चाहिए, वेबसाइट के लक्ष्यों और/या क्लाइंट की जरूरतों की एक मजबूत समझ होनी चाहिए। अच्छे ग्राहक प्रश्न न केवल आपके प्रयासों को रणनीतिक रूप से निर्देशित करने में सहायक होते हैं, बल्कि वे यह भी दिखाते हैं कि आप परवाह करते हैं।

ग्राहक प्रश्न उदाहरण:

1. क्या आप हमें अपनी कंपनी का संक्षिप्त इतिहास दे सकते हैं?
2. नए योग्य लीड का मौद्रिक मूल्य क्या है?
3. आपकी सबसे अधिक लाभदायक सेवाएं/उत्पाद क्या हैं (क्रम में)?

वेबसाइट का प्राथमिक लक्ष्य, अतिरिक्त लक्ष्य और मानदंड स्थापित करते समय निम्नलिखित युक्तियों को ध्यान में रखें:

लक्ष्य निर्धारण युक्तियाँ

- मापने योग्य: यदि आप इसे ट्रैक नहीं कर सकते, तो आप इसे सुधार नहीं सकते।
- विशिष्ट बनें: अस्पष्ट उद्योग विपणन शब्दजाल को अपने लक्ष्यों से कम न होने दें।
- अपने लक्ष्यों को साझा करें: अध्ययनों से पता चला है कि अपने लक्ष्यों को लिखने और दूसरों के साथ साझा करने से उन्हें प्राप्त करने की संभावना बढ़ जाती है।

अपने ग्राहक को जानें

अपने क्लाइंट से सही प्रश्न पूछना उनके वेबसाइट लक्ष्यों को समझने की कुंजी है। हमने प्रश्नों की एक सूची तैयार की है जिसका उपयोग आप नीचे अपने ग्राहकों को जानना शुरू करने के लिए कर सकते हैं!

सूची डाउनलोड करें

उस शब्द का क्या अर्थ है?

उद्योग विपणन शब्दजाल की बात करें तो सुनिश्चित करें कि आप इस अध्याय के लिए एसईओ शब्दावली के साथ शीर्ष पर हैं!

अध्याय 7 परिभाषाएँ देखें

मापने

अब जब आपने अपना प्राथमिक लक्ष्य निर्धारित कर लिया है, तो मूल्यांकन करें कि कौन सी अतिरिक्त मीट्रिक आपकी साइट को उसके अंतिम लक्ष्य तक पहुंचने में सहायता कर सकती हैं। अतिरिक्त (लागू) बेंचमार्क मापने से आपको वर्तमान साइट स्वास्थ्य और प्रगति पर बेहतर पल्स रखने में मदद मिल सकती है।

सगाई मेट्रिक्स

आपकी साइट पर पहुंचने के बाद लोग कैसा व्यवहार कर रहे हैं? यही वह प्रश्न है जिसका उत्तर सगाई मेट्रिक्स चाहता है। लोग आपकी सामग्री के साथ कैसे जुड़ते हैं, इसका आकलन करने के लिए कुछ सबसे लोकप्रिय मीट्रिक में शामिल हैं:

रूपांतरण दर

रूपांतरणों की संख्या (एक वांछित कार्रवाई/लक्ष्य के लिए) को अद्वितीय विज़िट की संख्या से विभाजित किया जाता है। ईमेल साइनअप से लेकर खरीदारी से लेकर खाता निर्माण तक, किसी भी चीज़ पर रूपांतरण दर लागू की जा सकती है। अपनी रूपांतरण दर जानने से आपको निवेश पर लाभ (आरओआई) का आकलन करने में मदद मिल सकती है, जो आपके वेबसाइट ट्रैफ़िक को प्रदान कर सकता है।

पृष्ठ पर समय

लोगों ने आपके पेज पर कितना समय बिताया? यदि आपके पास 2,000 शब्दों की ब्लॉग पोस्ट है जिस पर विज़िटर केवल 10 सेकंड का औसत खर्च कर रहे हैं, तो संभावना कम है कि इस सामग्री का उपभोग किया जा रहा है (जब तक कि वे एक मेगा-स्पीड रीडर न हों)। हालाँकि, यदि किसी URL का पृष्ठ पर कम समय है, तो यह आवश्यक रूप से बुरा भी नहीं है। पृष्ठ के इरादे पर विचार करें। उदाहरण के लिए, "हमसे संपर्क करें" पृष्ठों का पृष्ठ पर औसत समय कम होना सामान्य है।

पृष्ठ प्रति विज़िट

क्या आपके पेज का लक्ष्य पाठकों को जोड़े रखना और उन्हें अगले कदम पर ले जाना था? यदि ऐसा है, तो प्रति विज़िट पृष्ठ एक मूल्यवान जुड़ाव मीट्रिक हो सकते हैं। यदि आपके पृष्ठ का लक्ष्य आपकी साइट के अन्य पृष्ठों से स्वतंत्र है (उदा: विज़िटर आया, उन्हें जो चाहिए वह मिला, फिर छोड़ दिया), तो प्रति विज़िट कम पृष्ठ ठीक हैं।

बाउंस दर

"बाउंस" सत्र इंगित करते हैं कि एक खोजकर्ता पृष्ठ पर गया और आपकी साइट को और अधिक ब्राउज़ किए बिना छोड़ दिया। बहुत से लोग इस मीट्रिक को कम करने का प्रयास करते हैं क्योंकि उनका मानना है कि यह वेबसाइट की गुणवत्ता से जुड़ा है, लेकिन वास्तव में यह हमें उपयोगकर्ता के अनुभव के बारे में बहुत कम बताता है। हमने फिर से डिज़ाइन की गई रेस्तरां वेबसाइटों के लिए बाउंस दर में वृद्धि के मामले देखे हैं जो पहले से बेहतर प्रदर्शन कर रहे हैं। आगे की जांच में पता चला कि लोग केवल व्यावसायिक घंटे, मेनू या पता खोजने के लिए आ रहे थे, फिर व्यक्तिगत रूप से रेस्तरां में जाने के इरादे से उछल रहे थे। पृष्ठ/साइट गुणवत्ता का आकलन करने के लिए एक बेहतर मीट्रिक स्क्रॉल गहराई है।

स्क्रॉल गहराई

यह मापता है कि विज़िटर अलग-अलग वेबपृष्ठों को कितनी दूर तक स्क्रॉल करते हैं। क्या विज़िटर आपकी महत्वपूर्ण सामग्री तक पहुंच रहे हैं? यदि नहीं, तो अपने पृष्ठ पर सबसे महत्वपूर्ण सामग्री प्रदान करने के विभिन्न तरीकों का परीक्षण करें, जैसे मल्टीमीडिया,

संपर्क फ़ॉर्म, और इसी तरह। अपनी सामग्री की गुणवत्ता पर भी विचार करें। क्या आप अनावश्यक शब्द छोड़ रहे हैं? क्या आगंतुक के लिए पृष्ठ को जारी रखना लुभावना है? आपके Google Analytics में स्क्रॉल गहराई ट्रैकिंग सेट की जा सकती है।

Google Analytics में, आप यह मापने के लिए <u>लक्ष्य निर्धारित कर सकते</u> हैं कि आपकी साइट अपने उद्देश्यों को कितनी अच्छी तरह पूरा करती है। यदि किसी पृष्ठ के लिए आपका उद्देश्य फ़ॉर्म भरना है, तो आप उसे लक्ष्य के रूप में सेट कर सकते हैं। जब साइट विज़िटर कार्य पूरा कर लेते हैं, तो आप इसे अपनी रिपोर्ट में देख सकेंगे.

ट्रैफ़िक खोजें

रैंकिंग एक मूल्यवान एसईओ मीट्रिक है, लेकिन आपकी साइट के ऑर्गेनिक प्रदर्शन को मापना यहीं नहीं रुक सकता। खोज में दिखने का लक्ष्य खोजकर्ताओं द्वारा उनकी क्वेरी के उत्तर के रूप में चुना जाना है। यदि आप रैंकिंग कर रहे हैं लेकिन कोई ट्रैफिक नहीं मिल रहा है, तो आपको समस्या है।

लेकिन आप यह भी कैसे निर्धारित करते हैं कि आपकी साइट को खोज से कितना ट्रैफिक मिल रहा है? ऐसा करने के सबसे सटीक तरीकों में से एक Google Analytics के साथ है।

ट्रैफ़िक अंतर्दृष्टि को उजागर करने के लिए *Google Analytics का उपयोग करना*

Google Analytics (GA) डेटा के साथ तेजी से बढ़ रहा है - इतना अधिक कि यदि आप नहीं जानते कि कहां देखना है तो यह भारी हो सकता है। यह एक संपूर्ण सूची नहीं है, बल्कि कुछ ट्रैफ़िक डेटा के लिए एक सामान्य मार्गदर्शिका है जिसे आप इस निःशुल्क टूल से प्राप्त कर सकते हैं।

ऑर्गेनिक ट्रैफ़िक को अलग करें

GA आपको चैनल द्वारा अपनी साइट पर ट्रैफ़िक देखने की अनुमति देता है। यह किसी अन्य चैनल में परिवर्तन के कारण होने वाले किसी भी डर को कम कर देगा (उदा: एक सशुल्क अभियान रोके जाने के कारण कुल ट्रैफ़िक गिरा, लेकिन ऑर्गेनिक ट्रैफ़िक स्थिर रहा)।

समय के साथ आपकी साइट पर ट्रैफ़िक

एक निर्दिष्ट तिथि सीमा में अपनी साइट के कुल सत्रों/उपयोगकर्ताओं/ पृष्ठदृश्यों को देखने के साथ-साथ दो अलग-अलग श्रेणियों की तुलना करने की अनुमति देता है।

किसी विशेष पृष्ठ को कितनी विज़िट मिली हैं

GA में साइट सामग्री रिपोर्ट किसी विशेष पृष्ठ के प्रदर्शन का मूल्यांकन करने के लिए बहुत अच्छी हैं - उदाहरण के लिए, किसी निश्चित तिथि सीमा के भीतर उसे कितने अद्वितीय विज़िटर प्राप्त हुए।

किसी निर्दिष्ट अभियान से आने वाला ट्रैफ़िक

बेहतर एट्रिब्यूशन के लिए आप UTM (यूर्चिन ट्रैकिंग मॉड्यूल) कोड का उपयोग कर सकते हैं। स्रोत, माध्यम और अभियान निर्दिष्ट करें, फिर कोड को अपने URL के अंत में संलग्न करें। जब लोग आपके UTM-कोड लिंक पर क्लिक करना शुरू करेंगे, तो वह डेटा GA की "अभियान" रिपोर्ट में दिखाई देने लगेगा।

क्लिक-थ्रू दर (सीटीआर)

खोज परिणामों से किसी विशेष पृष्ठ पर आपका CTR (अर्थात खोज परिणामों से आपके पृष्ठ पर क्लिक करने वाले लोगों का प्रतिशत) इस बारे में अंतर्दृष्टि प्रदान कर सकता है कि आपने अपने पृष्ठ शीर्षक और मेटा विवरण को कितनी अच्छी तरह अनुकूलित किया है । आप यह डेटा Google Search Console में पा सकते हैं, जो एक निःशुल्क Google टूल है।

इसके अतिरिक्त, Google टैग प्रबंधक एक निःशुल्क टूल है जो आपको कोड को संशोधित किए बिना अपनी वेबसाइट पर ट्रैकिंग पिक्सेल प्रबंधित और परिनियोजित करने की अनुमति देता है। इससे किसी वेबसाइट पर विशिष्ट ट्रिगर या गतिविधि को ट्रैक करना बहुत आसान हो जाता है।

अतिरिक्त सामान्य एसईओ मेट्रिक्स

डोमेन अथॉरिटी और पेज अथॉरिटी (डीए/पीए)

Moz के स्वामित्व प्राधिकरण मेट्रिक्स एक नज़र में शक्तिशाली अंतर्दृष्टि प्रदान करते हैं और आपके प्रतिस्पर्धियों के डोमेन प्राधिकरण और पृष्ठ प्राधिकरण के सापेक्ष बेंचमार्क के रूप में सर्वोत्तम रूप से उपयोग किए जाते हैं ।

कीवर्ड रैंकिंग

वांछित खोजशब्दों के लिए वेबसाइट की रैंकिंग स्थिति। इसमें SERP फीचर डेटा भी शामिल होना चाहिए, जैसे फीचर्ड स्निपेट्स और पीपल आस्क बॉक्स जिनके लिए आप रैंकिंग कर रहे हैं। वैनिटी मेट्रिक्स से बचने की कोशिश करें, जैसे प्रतिस्पर्धी कीवर्ड के लिए रैंकिंग जो वांछनीय हैं लेकिन अक्सर बहुत अस्पष्ट हैं और साथ ही लंबी-पूंछ वाले कीवर्ड को परिवर्तित नहीं करते हैं।

बैकलिंक्स की संख्या

आपकी वेबसाइट की ओर इशारा करने वाले लिंक की कुल संख्या या अद्वितीय लिंकिंग रूट डोमेन की संख्या (अर्थात प्रति अद्वितीय वेबसाइट एक, क्योंकि वेबसाइटें अक्सर अन्य

वेबसाइटों से कई बार लिंक होती हैं)। हालांकि ये दोनों सामान्य लिंक मेट्रिक्स हैं, हम आपको आपकी साइट के बैकलिंक्स और लिंकिंग रूट डोमेन की गुणवत्ता पर अधिक बारीकी से देखने के लिए प्रोत्साहित करते हैं।

इन मीट्रिक को कैसे ट्रैक करें

SERPs में आपकी साइट की स्थिति पर नज़र रखने, साइट क्रॉल स्वास्थ्य, SERP सुविधाओं और लिंक मेट्रिक्स, जैसे Moz Pro और STAT पर नज़र रखने के लिए बहुत सारे अलग-अलग उपकरण उपलब्ध हैं।

Moz और STAT API (अन्य टूल के बीच) को क्लाइंट के लिए Google शीट्स या अन्य अनुकूलन योग्य डैशबोर्ड प्लेटफ़ॉर्म में भी खींचा जा सकता है और त्वरित रूप से SEO चेक-इन किया जा सकता है। यह आपको केवल उन मीट्रिक के अधिक परिष्कृत दृश्य प्रदान करने की अनुमति देता है जो आपके लिए महत्वपूर्ण हैं।

डेटा स्टूडियो, झांकी और पॉवरबीआई जैसे डैशबोर्ड टूल भी इंटरेक्टिव डेटा विज़ुअलाइज़ेशन बनाने में मदद कर सकते हैं।

SEO वेबसाइट ऑडिट के साथ साइट के स्वास्थ्य का मूल्यांकन

अपनी वेबसाइट के कुछ पहलुओं की समझ - खोज में इसकी वर्तमान स्थिति, खोजकर्ता इसके साथ कैसे इंटरैक्ट कर रहे हैं, यह कैसा प्रदर्शन कर रहा है, इसकी सामग्री की गुणवत्ता, इसकी समग्र संरचना, और इसी तरह - आप बेहतर ढंग से उजागर करने में सक्षम होंगे एसईओ अवसर। खोज इंजन के अपने उपकरणों का लाभ उठाने से उन अवसरों के साथ-साथ संभावित मुद्दों को सामने लाने में मदद मिल सकती है:

- <u>Google खोज कंसोल</u> - यदि आपने पहले से नहीं किया है, तो एक निःशुल्क Google खोज कंसोल (GSC) खाते के लिए <u>साइन अप</u> करें और अपनी वेबसाइट (वेबसाइटों) को सत्यापित करें। जीएससी कार्रवाई योग्य रिपोर्ट से भरा है जिसका उपयोग आप वेबसाइट त्रुटियों, अवसरों और उपयोगकर्ता जुड़ाव का पता लगाने के लिए कर सकते हैं।
- <u>बिंग वेबमास्टर टूल्स</u> - बिंग वेबमास्टर टूल्स की कार्यक्षमता जीएससी के समान है। अन्य बातों के अलावा, यह आपको दिखाता है कि आपकी साइट बिंग में कैसा प्रदर्शन कर रही है और सुधार के अवसर भी।
- <u>लाइटहाउस ऑडिट</u> - वेबसाइट के प्रदर्शन, पहुंच, प्रगतिशील वेब ऐप्स और बहुत कुछ को मापने के लिए Google का स्वचालित टूल। यह डेटा आपकी समझ में सुधार करता है कि कोई वेबसाइट कैसा प्रदर्शन कर रही है। यहां किसी वेबसाइट के लिए विशिष्ट गति और पहुंच संबंधी जानकारी प्राप्त करें।

- <u>पेजस्पीड इनसाइट्स</u> - उपलब्ध होने पर वास्तविक उपयोगकर्ता माप (आरयूएम) से लाइटहाउस और क्रोम उपयोगकर्ता अनुभव रिपोर्ट डेटा का उपयोग करके वेबसाइट प्रदर्शन अंतर्दृष्टि प्रदान करता है।
- <u>संरचित डेटा परीक्षण उपकरण</u> - पुष्टि करता है कि कोई वेबसाइट <u>स्कीमा मार्कअप</u> (संरचित डेटा) का ठीक से उपयोग कर रही है।
- <u>मोबाइल के अनुकूल परीक्षण</u> - यह मूल्यांकन करता है कि कोई उपयोगकर्ता आपकी वेबसाइट को मोबाइल डिवाइस पर कितनी आसानी से नेविगेट कर सकता है।
- <u>Web.dev</u> - लाइटहाउस का उपयोग करके वेबसाइट सुधार की जानकारी देता है और समय के साथ प्रगति को ट्रैक करने की क्षमता प्रदान करता है।
- <u>डेवलपर और SEO के लिए टूल</u> - Google अक्सर वेब डेवलपर्स और SEO के लिए समान रूप से नए टूल प्रदान करता है, इसलिए यहां किसी भी नई रिलीज़ पर नज़र रखें।

जबकि हमारे पास हर एसईओ ऑडिट जांच को कवर करने के लिए जगह नहीं है जो आपको इस गाइड में करनी चाहिए, हम अधिक जानकारी के लिए एक गहन <u>तकनीकी एसईओ साइट ऑडिट पाठ्यक्रम प्रदान करते हैं।</u> अपनी साइट का ऑडिट करते समय, निम्नलिखित बातों का ध्यान रखें:

क्रॉलेबिलिटी

क्या आपके प्राथमिक वेब पेज खोज इंजन द्वारा क्रॉल किए जा सकते हैं, या आप गलती से अपनी robots.txt फ़ाइल के माध्यम से Googlebot या Bingbot को ब्लॉक कर रहे हैं? क्या क्रॉलर को आपके प्राथमिक पृष्ठों पर निर्देशित करने में मदद करने के लिए वेबसाइट के पास एक सटीक साइटमैप.एक्सएमएल फ़ाइल है?

अनुक्रमित पृष्ठ

क्या आपके प्राथमिक पृष्ठ Google का उपयोग करके खोजे जा सकते हैं? Google में साइट :yoursite.com या साइट:yoursite.com/specific-page चेक करने से इस प्रश्न का उत्तर देने में मदद मिल सकती है। यदि आप देखते हैं कि कुछ गायब हैं, तो यह सुनिश्चित करने के लिए जांचें कि कोई मेटा रोबोट = नोइंडेक्स टैग उन पृष्ठों को बहिष्कृत नहीं कर रहा है जिन्हें अनुक्रमित किया जाना चाहिए और खोज परिणामों में पाया जाना चाहिए।

पृष्ठ शीर्षक और मेटा विवरण

क्या आपके शीर्षक और मेटा विवरण प्रत्येक पृष्ठ की सामग्री को सारांशित करने का अच्छा काम करते हैं? Google Search Console के अनुसार, खोज परिणामों में उनकी CTR कैसी है? क्या वे इस तरह से लिखे गए हैं जो खोजकर्ताओं को अन्य रैंकिंग URL पर आपके परिणाम पर क्लिक करने के लिए प्रेरित करते हैं? किन पृष्ठों में सुधार किया जा सकता है? ऑन-पेज और तकनीकी एसईओ अवसरों की खोज के लिए साइट-व्यापी क्रॉल आवश्यक हैं।

पृष्ठ गति

आपकी वेबसाइट मोबाइल उपकरणों और लाइटहाउस में कैसा प्रदर्शन करती है? लोड समय को बेहतर बनाने के लिए किन इमेज को कंप्रेस किया जा सकता है?

सामग्री की गुणवत्ता

वेबसाइट की वर्तमान सामग्री लक्षित बाजार की जरूरतों को कितनी अच्छी तरह पूरा करती है? क्या सामग्री 10X अन्य रैंकिंग वेबसाइटों की सामग्री से बेहतर है? यदि नहीं, तो आप इससे बेहतर क्या कर सकते हैं? समृद्ध सामग्री, मल्टीमीडिया, PDF, मार्गदर्शिकाएँ, ऑडियो सामग्री, आदि जैसी चीज़ों के बारे में सोचें।

वेबसाइट प्रूनिंग समग्र गुणवत्ता में सुधार कर सकती है

अपनी साइट से पतले, पुराने, निम्न-गुणवत्ता वाले, या कम देखे गए पृष्ठों को हटाने से आपकी वेबसाइट की कथित गुणवत्ता में सुधार करने में सहायता मिल सकती है। सामग्री ऑडिट करने से आपको छंटाई के इन अवसरों का पता लगाने में मदद मिलेगी।

वेबसाइट प्रूनिंग के बारे में और जानें

खोजशब्द अनुसंधान और प्रतिस्पर्धी वेबसाइट विश्लेषण (अपने प्रतिस्पर्धियों की वेबसाइटों पर ऑडिट करना) भी आपकी अपनी वेबसाइट के अवसरों पर समृद्ध अंतर्दृष्टि प्रदान कर सकते हैं।

उदाहरण के लिए:

- पृष्ठ 1 पर प्रतिस्पर्धी रैंकिंग वाले कौन से कीवर्ड हैं, लेकिन आपकी वेबसाइट नहीं है?
- पेज 1 पर आपकी वेबसाइट रैंकिंग के लिए कौन से कीवर्ड हैं जिनमें एक फीचर्ड स्निपेट भी है? आप बेहतर सामग्री प्रदान करने और उस स्निपेट को संभालने में सक्षम हो सकते हैं।
- कौन सी वेबसाइटें आपके एक से अधिक प्रतिस्पर्धियों से लिंक करती हैं, लेकिन आपकी वेबसाइट से नहीं?

वेबसाइट सामग्री और प्रदर्शन के अवसरों की खोज से हमले की अधिक डेटा-संचालित एसईओ योजना तैयार करने में मदद मिलेगी! अपने कार्यों को प्रभावी ढंग से प्राथमिकता देने के लिए एक सतत सूची रखें।

अपने *SEO* सुधारों को प्राथमिकता देना

एसईओ सुधारों को प्रभावी ढंग से प्राथमिकता देने के लिए, पहले आपके और आपके ग्राहक के बीच विशिष्ट, सहमत-लक्ष्य निर्धारित करना आवश्यक है।

जबकि ऐसे लाखों अलग-अलग तरीके हैं जिनसे आप SEO को प्राथमिकता दे सकते हैं, हमारा सुझाव है कि आप उन्हें महत्व और तात्कालिकता के आधार पर रैंक करें। कौन से सुधार किसी वेबसाइट के लिए सबसे अधिक ROI प्रदान कर सकते हैं और आपके सहमत लक्ष्यों का समर्थन करने में सहायता कर सकते हैं?

छोटे, तत्काल एसईओ आग को अल्पावधि में सबसे प्रभावी महसूस कर सकता है, लेकिन यह अक्सर गैर-जरूरी महत्वपूर्ण सुधारों की उपेक्षा करता है। अत्यावश्यक और महत्वपूर्ण वस्तुएँ अंततः वही हैं जो किसी वेबसाइट के एसईओ के लिए सुई को आगे बढ़ाएँगी। इन्हें बंद मत करो।

एसईओ योजना और निष्पादन

आपकी अधिकांश सफलता आपके एसईओ कार्यों को प्रभावी ढंग से मैप करने और शेड्यूल करने पर निर्भर करती है। Google पत्रक जैसे नि:शुल्क टूल आपके SEO निष्पादन की योजना बनाने में मदद कर सकते हैं (हमारे पास यहां एक नि:शुल्क टेम्पलेट है), लेकिन आप अपने लिए सबसे अच्छा काम करने वाली किसी भी विधि का उपयोग कर सकते हैं। कुछ लोग अपने एसईओ कार्यों को अपने Google कैलेंडर में, एक कानबन या स्क्रम बोर्ड में, या एक दैनिक योजनाकार में शेड्यूल करना पसंद करते हैं।

आपके लिए जो काम करता है उसका उपयोग करें और *उस पर टिके रहें।*

ऊपर बताए गए मेट्रिक्स के माध्यम से अपनी प्रगति को मापने से आपको अपनी प्रभावशीलता की निगरानी करने में मदद मिलेगी और जब कुछ काम नहीं कर रहा हो तो आपको अपने एसईओ प्रयासों को आगे बढ़ाने में मदद मिलेगी। मान लीजिए, उदाहरण के लिए, आपने प्राथमिक पृष्ठ का शीर्षक और मेटा विवरण बदल दिया है, केवल यह ध्यान देने के लिए कि उस पृष्ठ के लिए सीटीआर में कमी आई है। हो सकता है कि आपने इसे कुछ बहुत अस्पष्ट या ऑन-पेज विषय से बहुत दूर भटका दिया हो - एक अलग दृष्टिकोण का प्रयास करना अच्छा हो सकता है। रैंकिंग में गिरावट, सीटीआर, ऑर्गेनिक ट्रैफ़िक और रूपांतरणों पर नज़र रखने से आपको इस तरह की हिचकी को बड़ी समस्या बनने से पहले जल्दी से प्रबंधित करने में मदद मिल सकती है।

SEO क्लाइंट की लंबी उम्र के लिए संचार आवश्यक है

क्लाइंट (या उपयोगकर्ता) पर ध्यान दिए बिना कई SEO सुधार लागू किए जाते हैं। यही कारण है कि आपकी एसईओ योजना, जिस समय सीमा में आप काम कर रहे हैं, और आपके बेंचमार्क मेट्रिक्स के साथ-साथ लगातार चेक-इन और रिपोर्ट के आसपास अच्छे संचार कौशल को नियोजित करना आवश्यक है।

SEO के लिए संपूर्ण शुरुआती मार्गदर्शिका के माध्यम से इसे बनाने के लिए बधाई! अब यह मजेदार भाग का समय है - इसे *लागू* करना। अगले चरण के रूप में, हम अनुशंसा करते हैं कि आप अपना स्वयं का एक SEO प्रोजेक्ट शुरू करने के लिए पहल करें। हमारे सुझावों के लिए पढ़ें!

"रणनीति के बिना, निष्पादन लक्ष्यहीन है। निष्पादन के बिना, रणनीति बेकार है।" - मॉरिस चांग

फ्री SEO प्लानिंग वर्कशीट

हमारे द्वारा नीचे दिए गए वर्कशीट टेम्पलेट के साथ अपनी एसईओ योजना पर आरंभ करें। एक प्रतिलिपि बनाएं और इसे अपनी आवश्यकताओं के अनुरूप संपादित करें!

टेम्पलेट डाउनलोड करें

अभ्यास, अभ्यास, अभ्यास

अपने आत्मविश्वास, कौशल और क्षमताओं का निर्माण करने के लिए आप जो सबसे अच्छी चीज कर सकते हैं, वह है गोता लगाना और अपने हाथों को गंदा करना। यदि आप एसईओ के बारे में गंभीर हैं और किसी दिन ग्राहकों की सेवा करने की उम्मीद करते हैं, तो अपनी वेबसाइट से शुरू करने के लिए कोई बेहतर जगह नहीं है, चाहे कोई शौक है जिसके बारे में आप ब्लॉग करना चाहते हैं या आपको व्यक्तिगत फ्रीलांसिंग पेज सेट करने की आवश्यकता है।

हमने एक त्वरित टू-डू सूची एक साथ रखी है जिसका उपयोग आप एसईओ की विस्तृत, अद्भुत दुनिया में अपने अगले कदमों का मार्गदर्शन करने के लिए कर सकते हैं:

1. एक नया प्रोजेक्ट शुरू करने से पहले अपनी साइट की सूचना संरचना, डिज़ाइन, UX और अन्य आवश्यक बातों का पता लगाएं। हम अनुशंसा करते हैं कि वेबसाइट डिजाइन करने से पहले करने के लिए रणनीतिक एसईओ निर्णय पढ़ें और इस विषय पर शुक्रवार को हमारे व्हाइटबोर्ड को देखें और देखें, एक नई वेबसाइट लॉन्च करना: आपकी एसईओ चेकलिस्ट।

2. जैसे ही आप आगे बढ़ते हैं, SEO के लिए शुरुआती मार्गदर्शिका के चरणों का पालन करें:

1. अपने लक्ष्यों और SEO के बुनियादी नियमों को समझें
2. सुनिश्चित करें कि आपकी साइट खोज में क्रॉल करने योग्य और अनुक्रमणीय है
3. गहन खोजशब्द अनुसंधान का संचालन करें
4. सुनिश्चित करें कि आपके ऑन-साइट अनुकूलन सूंघने के लिए हैं
5. आवश्यक तकनीकी एसईओ अनुकूलन या ऑडिट करें
6. लिंक अर्जित करें और अपनी साइट का अधिकार स्थापित करें
7. प्रभावी ढंग से प्राथमिकता दें और सही मेट्रिक्स को मापें

3. परीक्षण, पुनरावृति, और फिर से परीक्षण करें! कई एसईओ में परीक्षण साइटें होती हैं जहां वे एसईओ मानदंडों को चुनौती देते हैं या नए प्रकार की अनुकूलन रणनीति के साथ प्रयोग करते हैं। एक वेबसाइट स्थापित करके इसे आज ही लागू करें और एक अस्पष्ट शब्द बनाएं (जिसकी संभावना शून्य खोज मात्रा और कोई प्रतिस्पर्धा नहीं है), फिर देखें कि आप इसे कितनी जल्दी खोज परिणामों में रैंक कर सकते हैं। वहां से, आप सभी प्रकार के अन्य SEO परीक्षणों के साथ प्रयोग कर सकते हैं।

4. कठिन कार्य करें, अन्य प्लेटफार्मों के लिए सामग्री का परीक्षण करें, खिंचाव के लक्ष्य निर्धारित करें और मजबूत प्रतिस्पर्धियों के साथ प्रतिस्पर्धा करें।

5. अतिरिक्त मील जाने और तकनीकी एसईओ सीखने के लिए खुद को चुनौती देने पर विचार करें।

6. एक ऐसा समुदाय खोजें जहां आप सुरक्षित रूप से सीख सकें, चर्चा कर सकें, अनुभव साझा कर सकें और मदद मांग सकें। Moz's Q&A फ़ोरम, TrafficThinkTank, Search Engine Journal के SEO Experts to Follow, और अपने आस- पास SEO मीटअप ढूंढना शुरू करने के लिए सभी बेहतरीन विकल्प हैं।

7. एक SEO प्रोजेक्ट के बाद क्या काम किया और क्या नहीं, इसका मूल्यांकन करने के लिए समय निकालें। आप अपने प्रदर्शन को बेहतर बनाने के लिए भविष्य में चीजों को थोड़ा अलग तरीके से कैसे कर सकते हैं?

जब आपकी SEO प्रगति को ट्रैक करने की बात आती है, तो डेटा आपका सबसे अच्छा दोस्त होता है। रैंकिंग, लिंक बिल्डिंग, तकनीकी साइट स्वास्थ्य, और बहुत कुछ पर कड़ी नजर रखने के लिए आप Moz Pro के SEO एनालिटिक्स और शोध टूल का उपयोग कर सकते हैं। Moz Pro के 30-दिन के निःशुल्क परीक्षण के साथ अपने नए SEO कौशल को क्रियान्वित करें!

योगदानकर्ताओं

SEO के लिए मूल शुरुआती मार्गदर्शिका का ओवरहाल एक छोटी लेकिन शक्तिशाली टीम द्वारा पूरा किया गया एक शक्तिशाली प्रयास था। अपने पूरे दिल से, हम ब्रिटनी मुलर , कामेरोन जेनकिंस , ट्रेवर क्लेन , स्काई स्टीवर्ट , केसी कोट्स और फ़ेलिशिया क्रॉफर्ड को इस गाइड के निर्माण में डाले गए सभी प्यार, पसीने और आंसुओं के लिए धन्यवाद देना चाहते हैं। इसके अंतिम पुनरावृत्ति के लिए मार्गदर्शिका प्राप्त करने में उनकी सहायता के लिए शेली मात्सुदैरा , हारून किटनी , जेफ क्रम्प और साइरस शेपर्ड को भी बहुत धन्यवाद , और हमारे समुदाय के सभी अद्भुत लोगों को जिन्होंने बहुमूल्य समय टिप्पणी करने और सुझावों को साझा करने, रचनात्मक आलोचनाओं को साझा करने में बिताया, और प्रत्येक अध्याय के शुरुआती मसौदे के लिए विनम्र प्रशंसा। और निश्चित रूप से, कई साल पहले शुरुआती गाइड टू एसईओ के मूल संस्करण के निर्माण और क्यूरेशन के लिए रैंड फिशकिन को अंतहीन धन्यवाद !

एसईओ नियम और अर्थ

हम जानते हैं कि एसईओ शब्दावली और शब्दजाल के सभी इन्स और आउट सीखना एक और भाषा सीखने जैसा महसूस कर सकता है। आपके सामने आने वाली सभी नई शर्तों पर नियंत्रण पाने में आपकी मदद करने के लिए, हमने परिभाषाओं और सहायक लिंक्स के साथ एक अध्याय-दर-अध्याय SEO शब्दावली संकलित की है। आप भविष्य के संदर्भ के लिए इस पृष्ठ को बुकमार्क करना चाह सकते हैं!